Vida, Eterna Vida

Fátima Moura

Letra Espírita

1ª Edição – Novembro/2023

A editora Letra Espírita mantém o Grupo Espírita Yvonne do Amaral Pereira em Campos dos Goytacazes/RJ.

Capa e Diagramação: Maryana Ahlert

Revisão: Rafaela Paes de Campos & Yasmin Lima

Coordenação Editorial: Murilo Viana

Títulos: Backstroke
Texto: Crimson Text; Duos Round Pro

Impresso no Brasil

Contato e pedidos:

vendas@letraespirita.com.br
(22) 2738-0184

Dados Internacionais de Catalogação na Publicação (CIP)
(Câmara Brasileira do Livro, SP, Brasil)

Moura, Fátima
Vida, eterna vida / Fátima Moura. -- Campos dos Goytacazes, RJ : Letra Espírita, 2023.

ISBN 978-65-88535-55-4

1. Espiritismo 2. Mediunidade 3. Romance espírita I. Título.

23-172533 CDD-133.9

Índices para catálogo sistemático:

1. Romance espírita 133.9

Tábata Alves da Silva - Bibliotecária - CRB-8/9253

Vida, Eterna Vida

Fátima Moura

Campos dos Goytacazes / RJ

Sumário

Velhice

"Certamente, a idade madura é menos poética, menos primaveril que a adolescência; as flores caíram com seus coloridos e seus perfumes, os frutos, porém, começam a surgir nas extremidades da alma como nos galhos de uma árvore.

Na juventude, sente-se crescer; no meio da vida, sente-se amadurecer e é uma das mais nobres e mais produtivas etapas da evolução humana. A idade madura é, por excelência, o período de plenitude; é o rio que corre pleno e derrama no prado a riqueza e a fecundidade[1]."

1 DENIS, Léon. *O Grande Enigma*. Rio de Janeiro/RJ: Editora CELD, 2011, p. 180.

Dedicatória

Este livro é dedicado ao senhor Henrique Magalhães (*in memoriam*), fundador e presidente da *Maternidade Casa da Mãe Pobre,* hospital onde iniciei a minha estada terrena, e que, cumprindo suas tarefas até os *102 anos de idade,* nos deu um maravilhoso exemplo de ser humano, lúcido, produtivo, atuante e de verdadeiro instrumento do Alto no trabalho direcionado ao bem. A ele, todo o meu carinho, gratidão e respeito.

A Autora.

Capítulo 01

Acordei bem cedo, mas não saí da cama. Fiquei quieto, imóvel, respiração entrecortada por um soluço sufocado e rouco. Era sempre assim, acordava no meio da noite e não conseguia mais conciliar o sono. Sempre ouvi dizer que *velho* dormia pouco, e agora, integrante da famigerada *terceira idade*, podia comprovar isto na prática.

Um friozinho se insinuava pela fresta da janela de madeira talhada em estilo antigo e que já necessitava de reparos urgentes. A casa era tão velha e tão malconservada, mas eu tinha consciência da minha parcela de culpa nesse fato, pois sempre adiava por mais um dia o conserto das goteiras do telhado, das portas enferrujadas e tortas que rangiam feito o miado de Kojac - meu gato e amigo que partilhava comigo da solidão -, as fechaduras gastas, o piso rachado e solto e que até me fazia levar alguns tombos de vez em quando.

A realidade é que eu nunca me sentia disposto a tomar qualquer providência e, bem no fundo do meu *velho* coração, eu tinha certeza que conhecia bem a resposta para a minha inércia. Talvez eu desejasse que a casa partilhasse da minha decrepitude, que envelhecêssemos juntos como dois elementos imprestáveis e vazios, esperando pela hora em que seríamos desativados e colocados numa pilha de ferro-velho, como objetos sem uso e sem valor.

Puxei mais o cobertor até o queixo e agucei o ouvido, tentando ouvir os novos sons que me chegavam sorrateiramente pela fresta da janela. Alguns ônibus já circulavam pelas ruas da cidade, carregando passageiros sonolentos que se preparavam para o início de mais um dia. Eu sabia bem o que era isto, pois assim havia sido a impiedosa rotina que vivenciei nos últimos 35 anos da minha vida.

Eu costumava acordar às 6:00 da manhã e, durante uma hora, fazia caminhada pelo quarteirão enquanto organizava mentalmente as atividades do dia agitado que sabia que teria pela frente. Quando voltava para casa, tomava um banho rápido, fazia a barba às pressas e ia para a cozinha tomar o meu café. Júlia, que Deus a tenha em bom lugar, me esperava sempre sorrindo com seus olhos ternos e amigos. Eu quase sempre tomava apenas um café preto, em pé na porta da cozinha, apesar dos protestos de minha esposa. Em seguida, corria apressado até a esquina da rua onde morava, a fim de embarcar no ônibus que me conduziria até meu escritório no centro da cidade. Eu tinha um carro antigo e usado, comprado alguns anos antes, mas que descansava na garagem, ficando reservado para os finais de semana.

Para um casal sem filhos, todo tempo era pouco para festas, passeios e viagens, programas que na maioria das vezes não se concretizavam, pois, enquanto Júlia adorava passear e viajar para Friburgo, onde tínhamos uma casinha simples, mas muito confortável, eu preferia ficar em casa assistindo aos filmes que gostava.

O ônibus que eu costumava pegar estava sempre

lotado e com as mesmas pessoas, todos os dias. Se o trânsito estivesse bom, eu chegava ao escritório por volta das 08:30, mas, caso contrário, se pegássemos um engarrafamento, chegava só por volta das 09:00, quando os já conhecidos camelôs se espalhavam em frente à porta do prédio onde eu trabalhava, apregoando suas mercadorias.

O senhor Martins era o ascensorista, um velhinho muito simpático e falador, vascaíno doente e que me esperava ansioso para contar as últimas novidades. Ele respondia mecanicamente ao meu cumprimento habitual e discorria sobre as vitórias acumuladas pelo melhor time do mundo – segundo a sua opinião –, falava sobre o aumento dos gêneros alimentícios e das constantes viagens do Presidente que, de acordo com ele, eram uma tremenda vergonha. Enquanto o elevador subia rapidamente pelos andares, senhor Martins entregava-me o meu jornal e, novamente desejando-me um bom-dia, prometia que retomaríamos nossa conversa na hora do almoço. Eu sorria agradecendo-lhe pela gentileza e descia no quinto andar onde ficava minha sala de trabalho. Um fato interessante é que, embora eu não me considerasse supersticioso, sempre antes de entrar no escritório, eu costumava dar uma pancadinha na porta para me certificar que atrairia boas energias para aquele dia.

Ainda hoje, depois de tantos anos, consigo visualizar a placa à minha frente – *Dr. Anísio Gonçalves Leme – Advogado.* Lembro-me, inclusive com detalhes, do sorriso e dos gestos metódicos de dona Clotilde, minha eficiente secretária.

— Bom dia, Dr. Anísio, como passou a noite? Os papeis já estão sobre a mesa para o senhor assinar.

Era sempre assim, a frase era sempre a mesma! Dona Clotilde parecia um robô de tão certinha e eficiente. Pobre dona Clotilde, tinha um coração bondoso escondido numa mulher amarga e entristecida, de quem a vida tinha cobrado muito.

Apesar de nos conhecermos há muito tempo, ela nunca abriu seu coração comigo. Mas, eu sabia por meio de amigos dos escritórios vizinhos, que ela tinha sido noiva de um Oficial da Marinha a quem amava muito. Entretanto, enquanto ela, julgando-se feliz, estava cuidando dos preparativos do dia mais importante de sua vida, ele fugiu com outra para a Europa e não lhe deu satisfação alguma. Disseram-me que ela quase morreu de tanta decepção, inclusive precisou de tratamento psicológico para amenizar aquele sofrimento. Passou alguns anos na casa de parentes distantes e só retornou quando sua mãe idosa, de quem ela cuidava, faleceu e então, vieram enterrá-la na cidade, como era o seu desejo.

Foi assim que eu a conheci. Logo que iniciei as minhas atividades naquele prédio, coloquei um anúncio no jornal requisitando uma secretária séria, honesta, competente e que se sentisse capaz de ajudar a um advogado em início de carreira. Dona Clotilde então apareceu. Não posso negar que era uma moça bonita, mas escondida atrás de uma aparência envelhecida, usando óculos *fundo de garrafa* que lhe embaçavam a beleza dos olhos cor de mel. Era uma mulher inteligente e instruída, formada em Letras e que falava fluentemente 3 idiomas.

À princípio relutei, pois achei-a séria e compenetrada demais em sua postura, mas depois, não sei dizer o motivo, resolvi dar-lhe o emprego, imbuído da esperança de estar oferendo a ela algo que eu não sabia definir de forma clara. O ponto positivo é que não me enganei com ela. Desde aquele dia, não consegui mais imaginar-me longe dos seus cuidados e competência. Apesar de termos quase a mesma idade, ela me tratava como a um filho, preocupando-se com a minha alimentação, meus horários e em manter-me bem informado, para que minha clientela crescesse e confiasse cada dia mais em *nosso* trabalho.

Um ano depois, quando conheci Júlia e me casei, Dona Clotilde tornou-se mais discreta em seus cuidados. Júlia, no início, tinha certo ciúme, mas com o passar do tempo, viu em Clotilde um anjo da guarda bom e amigo, que zelava por mim enquanto ela não estava por perto, concorrendo para que tudo funcionasse na mais perfeita ordem.

Diziam-me os amigos mais íntimos, que Clotilde nutria um amor secreto por mim, mas, seja lá como for, o respeito e a forte amizade que nos uniam sempre estiveram presentes em primeiro lugar, até porque eu era um homem casado, muito bem casado! Eu amava minha esposa e era feliz em meu casamento, o que me fazia entender o quanto um coração sem amor necessitava de gestos de carinho, sutilezas e atenção. Por estas razões, na maioria das vezes, não conseguia evitar a imensa pena que sentia daquela mulher que havia se escondido em si mesma, decidindo adormecer para a vida.

Nesse momento Kojac pulou no meu colo, fazendo-me sair dos devaneios e trazendo-me de volta à realidade. Quantas lembranças, meu Deus, quantas lembranças! O gato cinza ronronou em meu colo, espreguiçando-se manhoso! Resolvi deixar a preguiça de lado e levantei-me, afinal, já passava das 07:00 e eu fiquei por muito tempo acordado na cama pensando na vida.

Fui até a cozinha preparar um café à moda antiga, feito no coador de pano, nada dessas modernidades de cafeteiras elétricas que tiram o gosto do café no ponto. Caminhei até a sala e constatei que o jornal havia sido deixado na porta pelo menino esperto e falante que vinha entregá-lo todas as manhãs, em sua bicicleta. Ler o jornal era minha única atividade até a hora do almoço, conhecer as notícias do dia, recostado na cadeira confortável e macia com que minha esposa havia me presenteado no Dia dos

Pais, meses antes de morrer. Lágrimas vieram aos meus olhos:

— Júlia, querida, onde será que você está? – pensei ansioso. Antes, eu não costumava pensar no que acontecia quando as pessoas morriam, mas coloquei-me a refletir sobre o quanto estava afastado da fé, de uma religião, algo que pudesse me trazer uma consolação, seja qual fosse, pela falta de minha amada companheira.

Fechei meus olhos sentindo-me sozinho, perdido e desamparado, desejando ardentemente conhecer uma resposta que me fizesse sentir melhor. Kojac, aproveitando-se do meu silêncio e sentindo-se dono da situação, esgueirou-se sorrateiramente e veio deitar-se sobre a pilha de jornais. Empurrei-o exclamando o quanto ele era folgado, e meu gesto fez com que ele arranhasse as folhas, nervoso e magoado com a minha impaciência.

Kojac era muito temperamental. Júlia costumava dizer que ele parecia uma criança, de tão espero que era. Continuei observando-o e ele, intentando mostrar-me toda a sua indignação em ter sido repelido, desarrumou toda a pilha de jornais com gestos frenéticos, trazendo à tona o encarte do mercado, o que me fez lembrar que precisava fazer compras, coisas de sempre, como legumes e frutos que na maioria das vezes estragavam, mas que eu não deixava faltar para alguma eventualidade. Levantei-me e fui até a cozinha, constatando que realmente a geladeira estava vazia.

Meu amigo felino seguiu-me com olhos indagadores e tristes, como se esperasse por minhas palavras de arrependimento, aos quais eu cedi desculpando-me sem graça, pois ele não pararia de me olhar daquela forma até que eu o fizesse:

— Está bem, Kojac, você venceu, desculpe.

Ele pareceu entender, chegou perto de mim miando e esfregando-se em minhas pernas com seu grosso rabo de gato de raça. Eu sorri satisfeito, pois havíamos feito as pazes. Então, ele ameaçou pular em meu colo, mas rapidamente desvencilhei-me dele que, na certa, queria ir à rua comigo.

— Ei, devagar, acabamos de fazer as pazes – e como se ele esperasse ainda uma resposta, concluí acariciando-o: — Já, já trago o seu leite e sua ração, não demorarei, amigão – e saí ligeiro para o mercado.

Apesar de ter dito que voltaria rápido, procurei estender ao máximo as minhas compras, pois eu adorava ir ao mercado, quase todas as manhãs, para escolher coisas das quais muitas vezes eu nem precisava, apenas para poder ver pessoas ao meu redor, observar coisas novas, gente jovem cheia de vida e de vigor, este que, aos poucos, eu sentia esvair-se do meu ser. Eu precisava lutar contra esse abandono, essa solidão, mas, infelizmente, esse era um fato que eu não podia negar: eu era um *velho* e, segundo o dito popular, os *velhos* foram feitos para viverem sós e abandonados.

Cheguei em casa 2 horas depois, porque, ao sair do mercado, decidi ir até o salão cortar o cabelo. Entretanto, a conversa de sempre e os assuntos sem finalidade fizeram-me desejar voltar logo para casa. Enquanto eu preparava o almoço, Kojac saboreava sua ração, olhando-me de vez em quando com olhos agradecidos.

Sentei-me com o prato entre as mãos, em frente à televisão, e sorri internamente. Se Júlia estivesse por perto, na certa diria que comer na frente da televisão fazia mal. Troquei os canais com insistência em busca de algo interessante, mas a programação repetida e sem criatividade me entediou.

Acabei cochilando com o prato nas mãos, mas um barulho de freio na rua despertou-me da minha letargia. Devido ao susto, achei até que estava sentindo uma dorzinha no peito, mas é *coisa de velho*, como diriam todos. A realidade é que se eu realmente passasse mal, teria que recorrer à ajuda dos meus vizinhos e amigos, Olavo e Anita, o casal com quem eu jogava minhas partidas de buraco 2 vezes na semana.

Digo isso por puro orgulho, pois detesto precisar das pessoas ou esperar que alguém faça algo por mim, muito embora eu soubesse que podia contar sempre com a ajuda desses amigos, para o que desse e viesse. Olavo e Anita eram especiais e éramos amigos desde que eu me mudei para aquela casa, tão jovem quanto eles. Os dois acompanharam toda a felicidade que vivi ao lado de Júlia e fizemos muitos passeios e coisas interessantes juntos. Agora, passados 4 anos da partida de Júlia, eles ainda procuravam amenizar a dor da minha viuvez, fazendo-me companhia sempre que podiam e sempre me oferecendo seus conselhos. Para eles, depois que atingimos certa idade, a vida fica mais *light*, mais tranquila, sem tanta responsabilidade nem a correria de sempre. Entretanto, como Olavo gostava de enfatizar, não deveríamos nos esquecer de algumas regras para a boa sobrevivência e para que não fossemos engolidos pela solidão.

A primeira regra era distrair-se sempre e nunca recusar um convite, seja qual fosse ou de quem viesse. A segunda era ter um animalzinho de estimação e fazer dele um amigo, levando-o para passear, tomar sol e fazer com que ele partilhasse de todas as atividades importantes do dia a dia. A terceira regra era frequentar bailes e eventos da terceira idade onde, com certeza, seria possível conhecer gente nova e interessante e, quem sabe, até encontrar uma boa companhia para tentar ser feliz mais uma vez. Esses meus amigos seguiam cada uma dessas regras.

Eu, entretanto, tinha meu animalzinho de estimação, mas, uma nova companheira? Na época em que falaram sobre isso fiquei até ofendido, pois me parecia ridículo. Eu, Dr. Anísio Gonçalves Leme, advogado, um homem que sempre soube o que fazer da vida, aos 65 anos de idade precisaria de uma nova companhia para ser feliz de novo! Isso era demais!

Capítulo 02

— Ah, meu Deus, será que não vão inventar uma panela à prova de queimaduras? Não tenho o menor jeito com elas!

— Você é um desastrado, isso que você é – respondeu meu amigo Olavo, ajudando-me a colocar a panela fumegante sobre a pia e prosseguindo: — Desse jeito o peixe não vai sair tão cedo!

— É, acho que você tem razão, Olavo. Hoje não estou muito inspirado – respondi cabisbaixo, colocando o dedo no congelador para amenizar a dor da queimadura.

— Tenho uma sugestão: por que você não prepara uma caipirinha, só para relaxar?

Fitei-o com indignação. Olavo era uma excelente

pessoa, mas não perdia uma oportunidade de tentar me embebedar ou embebedar aos outros. Então, resolvi repreendê-lo.

— Nada disso, senhor Olavo! Além do mais, sabe que eu não bebo e não suporto quaisquer bebidas alcoólicas.

— Ah, não diga isso, Dr. Anísio – respondeu-me, abrindo a geladeira e espremendo 2 limões que julgou ideais para o seu aperitivo. — Existe algo melhor para comemorar a degustação de um badejo do que uma boa caipirinha?

— De jeito nenhum – reagi novamente –, prefiro ficar com meu refrigerante enquanto posso e enquanto não aumenta o meu colesterol.

— Pare com esse papo, Anísio – respondeu Olavo, sorvendo um gole da bebida que deixou escorrer na sua camisa branca. — Quanto mais a gente fala em doença, mais elas aparecem!

Uma batida insistente na porta interrompeu a nossa conversa. Era Anita, a esposa de Olavo, que o fitou com olhar de reprovação, dizendo:

— E aí, como vai este almoço?

Olavo adiantou-se, beijando-lhe a testa.

— Vai bem, obrigado, Apesar do meu amigo aqui não querer tomar nem uma bebidinha.

Anita fitou-o decepcionada e Olavo prontamente despejou o restante da bebida na pia, concordando com a voz suave:

— Desculpe, Anita, eu sou mesmo um insensível. Não vou beber, não quero estragar nosso almoço.

Anita aquiesceu, esboçou um sorriso triste e tocou-lhe levemente as mãos:

— Obrigada, Olavo, muito obrigada!

Fitei-os com ternura e compreensão, pois sabia o quanto Anita amava Olavo e como queria vê-lo recuperado e feliz. Resolvi, então, intervir, vendo que tudo voltava ao normal:

— Isso mesmo, Olavo, ouça a voz do coração, pois tudo o que Anita fala, é para o seu bem – e deixando que a emoção me tomasse por completo, continuei: — Como minha Júlia me faz falta! Sinto muito a sua ausência, sinto falta dos seus conselhos e das nossas conversas de fim de tarde – como meus amigos permaneceram calados, prossegui: — A vida me pegou de surpresa, pois eu sempre dizia à Júlia que envelheceríamos juntos, a cabeça branquinha amparada no ombro um do outro.

Olavo retomou seu tom alegre e jovial de sempre, a fim de dissipar a tristeza que viu em meu olhar:

— E eu, será que eu consigo, Anísio? Será que eu consigo?

Anita também resolveu aceitar a brincadeira:

— O que é que você está dizendo, hein Olavo?

Ele apertou-lhe as bochechas coradas, dizendo:

— Nada, nada não, *minha velha*! É só brincadeira!

— Velha? Eu? – continuou com olhos brilhantes: — Apesar dos meus 58 anos, ainda me sinto como uma menina de 20! Você que se cuide!

Resolvi entrar também na brincadeira:

— Não liga, não, Anita. Ele está com inveja de sua jovialidade.

Olavo sorriu e voltou-se para provar o peixe que estava na grelha sobre o fogão, exclamando:

— Este peixe ainda não está bom e precisa de mais tempero, aquele *toque especial!*

Anita, então, impetuosamente e ante nosso olhar espantado, abriu o armário da cozinha, pegou um vidro de leite de coco e despejou-o todo sobre o peixe, dizendo:

— Eu tinha que colocar a mão, não tem jeito!

— Convencida - disse Olavo, ao mesmo tempo que colocava os talheres na mesa.

— Mãos femininas são sempre mãos femininas - reforcei o elogio.

Anita fitou-me com interesse, ao mesmo tempo em que provava o pirão direto da panela e com a colher de pau:

— Anísio, você não pensa em casar-se novamente?

A pergunta pegou-me de surpresa:

— Casar? Não! Eu sou completamente apaixonado por minha Júlia, ela é a mulher da minha vida!

— E daí? Uma coisa não tem nada a ver com a outra! Você ainda é jovem.

Espantei-me com a naturalidade de Anita. Eu nunca havia pensado naquilo antes.

— Jovem? Aos 65 anos?

— Isso não quer dizer nada, Anísio. Há homens que são até pais nessa idade!

Meneei a cabeça tristemente. Anita tinha cada ideia!

— Eu já estou passando da idade de ser avô, imagina de ser pai!

Anita tinha uma expressão interessante quando falou:

— Você está sendo preconceituoso. Nem parece ser o homem esclarecido que é!

Coloquei a mão em seu ombro e disse com firmeza:

— Talvez seja porque eu me sinta um *velho*, aí não tem jeito!

Anita sustentou meu olhar e disse com compreensão, como se soubesse exatamente como eu me sentia:

— Pode até estar velho no corpo, Anísio, mas a mente pode e deve continuar sendo jovem. A vida não acabou porque você tem 65 anos.

Olavo, interrompendo o assunto, disse em tom de brincadeira:

— É mesmo? Então, já que somos dois garotões, eu vou te apresentar umas jovens.

— Se cuida, Olavo, se cuida! – disse Anita com olhar sério.

Olavo, como se fosse uma criança que fez *arte*, tirou o sorriso do rosto e disse:

— Estou brincando, Anita, só brincando! Você não tem senso de humor?

— Você está muito engraçadinho – respondeu ela, piscando os olhos para mim.

Abracei-os em tom apaziguador e acrescentei:

— Sem brigas! Somos todos interessantes, jovens

e maravilhosos, mas agora vamos comer, este peixe está me dando uma fome danada!

Olavo se adiantou e Anita, olhando fundo em meu olhos, disse:

— Pense sobre o que eu falei! Sempre é tempo de recomeçar.

— Eu vou pensar sim, mas agora vamos almoçar! – gargalhei alto tentando afastar novos pensamentos que surgiam em minha mente.

Capítulo 03

Aquela tarde estava límpida, clara e perfumada, como nos filmes de Bergman[2] que eu adorava assistir madrugada adentro. Caminhar pela praia, admirar o mar e depois sentar no barzinho do Gil para saborear uma água de coco bem gostosa e espumante, tinha cheiro e gosto de uma tarde de verão. Por isso, não importava a distância que percorria do Méier até a Ilha do Governador todas as tardes de quinta-feira. Eram momentos que eu considerava como um verdadeiro *lazer espiritual*.

Sentado de frente para o mar eu esquecia da vida e me perdia em meus pensamentos. Foi num dia em que eu estava mais desligado que nunca, apenas

---

2 Nota da Autora: Ingmar Bergman, cineasta e dramaturgo sueco.

aproveitando a aragem fresca que vinha do mar, que ouvi uma vozinha fina e estridente cortar-me os devaneios:

— Ei, moço, o senhor tem um trocado?

Dois olhinhos vivos e pretos me interrogavam com ansiedade, mas eu respondi sem vontade:

— Ah, garoto, dá um tempo!

— Por favor, moço, eu falo sério, ainda não comi nada hoje.

Observei-o melhor e vi que era um garotinho preto, muito magrinho e raquítico, que devia ter por volta de uns 8 anos de idade.

— Por favor, moço – sua voz era trêmula e suplicante –, me ajude!

Prestando mais atenção no garotinho, que estava sujo e maltrapilho, eu disse:

— Tudo bem, você conseguiu me comover – respondi colocando a mão no bolso da minha jaqueta.

— O senhor vai me dar dinheiro?

Diante da reação do garoto, mudei de ideia:

— Não, sente aí. Está com fome?

— O senhor vai me pagar um lanche? – Antes que eu pudesse responder qualquer coisa, ele foi avisando: — Eu gosto de pastel e de coxinha de galinha. O senhor tem dinheiro para tudo isso?

— Não sei, vamos ver – respondi sorrindo e sentindo-me mais relaxado com a sua presença.

O menino retribuiu com um sorriso que deixou aparecer seus dentes alvos e perfeitos. Escorregou para o meu lado e ficou me estudando com olhar de interesse. Chamei o Robson, o garçom que já era um velho conhecido, e pedi que trouxesse um pastel e um suco de laranja, acrescentando:

— Depois ele vai pedir um sorvete com 2 bolas – avisei ao Robson, que me olhou de esguelha, intrigado com a minha atitude.

Ficamos nos encarando por alguns momentos, até que o menino, sem conseguir conter a sua felicidade, exclamou com excitação:

— Você é legal, muito bacana mesmo, *sangue bom!*

— O que é isso, moleque, olha o respeito – disse

meu amigo Gil, o dono do bar, que se acercou da mesa e veio pessoalmente servir meu pedido.

O menino pareceu não entender a advertência.

— Mas eu não estou desrespeitando ele não, senhor. *Sangue bom* quer dizer bacana, legal, maneiro, entendeu?

Gil retirou-se, sorrindo discretamente. Eu também não pude deixar de sorrir, pois as crianças de rua falavam cada coisa!

— Eu posso repetir? – perguntou ainda com a boca cheia.

— Se você quiser, claro que pode. O que vai ser agora?

— Agora eu quero uma coxinha e outro suco de laranja – ele respondeu e, diante do meu olhar espantado, acrescentou com clara satisfação: — Eu adoro suco de laranja!

— Pelo jeito, você adora tudo – rebati sorrindo.

Os olhos do garoto ficaram perdidos e ele demorou um pouco para responder:

— Para quem vive na rua, como eu, e não sabe quando vai jantar ou almoçar, tudo é festa!

Gil chegou com o novo lanche e o garoto comeu com sofreguidão. Eu apenas fiquei observando e ele, ao terminar, apenas sorriu satisfeito.

— Você estava mesmo com fome – comentei.

— É! Eu não comia há alguns dias – levantou a camiseta encardida, bateu na barriga e disse: — Agora, se eu não comer nos próximos dias, já estou resolvido.

Imediatamente lembrei-me das frutas que estragavam na minha geladeira, mas resolvi conhecê-lo um pouco mais.

— Onde estão seus pais? Por que você está na rua?

O garoto assustou-se com as minhas perguntas e exclamou:

— Ei, espera aí, moço. Uma pergunta de cada vez!

— Tudo bem – eu disse concordando para não

assustá-lo. — Pergunta número um, onde estão seu pais?

— Não sei!

— Como não sabe?

— Bom, eu vou explicar - começou ele com naturalidade. — Meu pai abandonou a minha mãe quando eu era bebê, pequenininho assim - mostrou o tamanho com as mãos. — Então, minha mãe também me abandonou e me deixou na casa da dona Dorca, uma mulher muito má e que me batia muito.

— E o que mais? - perguntei, curioso para conhecer mais detalhes.

— Aí eu me cansei de apanhar, sabe como é! Eu nem conseguia dormir direito, de tanta dor que sentia nas costas. Eu queria muito ir à escola, mas ela não deixava e dizia que eu tinha que vender doces e balas no trem, alertando que se o dinheiro fosse pouco, ela ia me espancar até eu ter que lavar meu corpo com água e sal.

— Meu Deus! - exclamei espantado e com os olhos marejados.

— Até que um dia, o Fabião, quer dizer, o Fábio, um menino que me ajudava com os doces, disse que não devia ficar mais lá, então eu fugi – vendo que eu prestava atenção, ele continuou: — Têm 2 anos que eu estou por aí, dormindo na rua, fugindo dos guardas e dos caras maiores que nos obrigam a fazer coisas pela força. De vez em quando acho um cara legal como o senhor para me pagar um prato de comida. Eu não vendo mais balas, porque o Fabião me arranjou uma caixa de engraxate e falou que devíamos ficar perto do aeroporto, pois dá mais dinheiro.

— Meu Deus – exclamei comovido e pensando em quantas crianças haviam por aí na mesma situação. — Qual a sua idade? Oito, nove?

— Tenho 12. Faço aniversário dia 27 de setembro, dia de São Cosme e Damião, acho que por isso minha mãe me deu meu nome.

— O seu nome é Cosme ou Damião?

— Meu nome é Damião Cosme Pereira da Silva, mas, na rua, todos me chamam de Pinguim – como eu permaneci calado e o analisando, ele continuou enquanto retirava uns santinhos do *short* encardido. — Olha só, eles são meus protetores nas noites frias e de tempestade, e das pessoas que querem me fazer mal – eu o olhava comovido e ele prosseguiu com o olhar vago: — Sabe, no pouco tempo em que fui à escola, aprendi a escrever o meu nome.

Eu estava envolvido por sua história e fiquei o encarando com olhar perscrutador. Ele percebeu e disse:

— O senhor não acredita! É verdade, eu sei escrever – pegou um guardanapo que estava sobre a mesa e escreveu seu nome completo, com uma letra muito bonita e caprichada, tentando me impressionar.

Eu não sabia o que dizer. Era um menino esperto e inteligente, e era uma pena que estivesse perdido como tantos outros, sem rumo pelas ruas.

— O senhor tem família?

Meu pensamento estava longe, mas a pergunta insistente me tirou dos meus pensamentos e questionei:

— O quê?

— O senhor tem família?

— Ah sim, tenho.... bom, quer dizer, não tenho.

— O senhor tem ou não tem família? – o menino perguntou novamente, não entendendo a minha confusão.

Eu não consegui conter minha emoção e falei pausadamente:

— Eu sou viúvo, minha mulher partiu há 4 anos e devo confessar que, desde então, tenho vivido muito só.

Pinguim encarou-me com ares de piedade explícitos em seu olhar.

— O que foi? Por que está me olhando deste jeito? – perguntei.

— O senhor não mora na rua como eu, mas parece ser muito mais sozinho que eu – disse ele com sabedoria.

— É, Pinguim, acho que você tem razão, porque, infelizmente, eu e a Júlia não tivemos filhos – baixei os olhos sem coragem de encará-lo.

— Um casamento sem filhos deve ser muito triste, pois uma criança faz falta em casa.

Ele me surpreendeu com uma sabedoria que parecia de adulto, então respondi:

— Você tem razão! Eu e minha esposa queríamos ter filhos, mas acho que Deus não quis nos conceder essa felicidade, porque Júlia tinha um problema de saúde que não a deixou engravidar.

— Por que o senhor não adotou um? Têm tantas crianças na rua, assim como eu – ele disse com o olhar frio.

— Bom... – as palavras não saíram, eu fiquei muito sem jeito. Eu ainda conseguia me lembrar da minha expressão de horror quando Júlia propôs que adotássemos uma criança, um filho que, segundo ela, traria alegria e amor para o nosso coração. Mas eu rapidamente a respondi, com ira, dizendo que não, que jamais poderia amar uma criança que não tivesse o meu sangue e o meu nome.

Pinguim me olhava com espanto e eu continuei,

tentando diminuir o tom de voz, como se quisesse me desculpar com ele:

— Eu sempre tive muito medo de fazer isso, meu filho. É um grande desafio acreditar em alguém que não se conhece. Além disso, eu sempre acreditei que a adoção trouxesse problemas, pensando que quando a criança estivesse criada, com certeza a família a quereria de volta – diante do olhar espantado do garoto, prossegui envergonhado: — Creio que eu não estava preparado.

— Que pena que o senhor e tantas outras pessoas pensem assim. Talvez seja por isso que o mundo está tão ruim – disse sério e demonstrando sua decepção.

Pela primeira vez na vida eu, que era tão orgulhoso e apegado às minhas verdades, fui obrigado a me render à sabedoria de uma criança:

— É, Pinguim, talvez você esteja coberto de razão.

— Eu sempre tenho razão – seus olhos falavam por ele, enquanto deu um pinote e levantou-se ligeiro.

— Se eu fosse você, não teria tanta certeza. Ainda é muito cedo para você pensar assim, pois, a vida, com certeza, ainda lhe reserva muitas surpresas.

O menino estendeu-me as mãos encardidas:

— Eu já vou! Muito obrigado. O senhor é *sangue...*, quer dizer, o senhor é um *coroa* muito legal!

— Está bem, até a próxima – sorri com prazer, pois com a conversa tinha sido boa.

Ele não tinha caminhado muitos metros, voltou-se para mim e gritou preocupado:

— Eu não perguntei o nome do senhor!

— Meu nome é Anísio.

— Nossa, que nome legal, parece de médico – demonstrando espanto, questionou: — O senhor é doutor?

— Bem, não sou médico, mas sou advogado.

— Advogado? Desses que mexem com polícia, prendem bandidos? – os olhos dele brilhavam.

— Não exatamente, mas é mais ou menos isto. Eu defendo pessoas, só que de outro jeito!

— Como assim?

— Bom, quando as pessoas têm algum problema com a justiça, com a lei, eu vou até o Tribunal e as defendo. Existem, também, os advogados criminais, que defendem as pessoas que cometem crimes contra a sociedade. Você está entendendo?

— Isto quer dizer que, quando eu estiver preso por ter feito alguma coisa errada, o senhor vai até lá para me defender? – disse parado e ostentando um sorriso a lhe iluminar o rosto.

Fiquei estático, paralisado e sem ação. As palavras do menino mexeram muito comigo e me desarmaram. Depois daquela declaração, eu não poderia mais me afastar dele, pois ele merecia uma chance. E foi assim que conheci Pinguim, ou melhor, Damião, que daquele dia em diante, mudaria para sempre a minha vida.

Capítulo 04

— Oi, Pinguim, entre! Eu o estava aguardando.

— Nossa, que casa enorme! – a alegria do menino me contagiou.

— É mesmo bem grande, mas precisa de uma boa reforma!

— Eu nunca estive numa casa assim – disse enquanto enxugava o suor com a camisa e saiu percorrendo a sala, a cozinha, o banheiro e até a área de serviço onde Kojac dormia com tranquilidade, indiferente a tudo. — Que gato lindo! É seu há muito tempo?

— Sim, eu presenteei Júlia com ele e, mesmo depois de sua partida, ele nunca me deixou.

O menino abaixou-se e acariciou Kojac, que se

derreteu pelo carinho e miou dengoso, deixando a barriga para cima para que o menino pudesse acariciar melhor.

— Esse gato é mesmo um artista – pensei achando engraçado.

Ele então voltou para a sala e seus olhos se detiveram na estante cheia de livros. Ficou ali, parado, apenas admirando-os.

— O que foi? Você quer ver algum deles? – perguntei.

O menino parecia estar em êxtase e me respondeu prontamente:

— Sr. Anísio, o senhor sabe qual é o meu grande sonho?

— Não, eu não sei, mas, antes de mais nada, pode me chamar apenas de Anísio. Eu não acharei falta de respeito, está bem?

— Está bem, se o senhor não liga...

— Mas, então, me diga qual é o seu grande sonho?

O menino estendeu as mãos em direção aos livros:

— O meu grande sonho é aprender a ler e, depois, ser um ótimo desenhista de histórias em quadrinhos.

— Você já sabe escrever o seu nome, é um grande começo – eu disse tentando animá-lo.

Damião então respondeu, como se fosse um adulto respondendo a uma criança:

— Não é do nome que eu estou falando, até porque eu decorei como escrevê-lo. Eu quero aprender a ler de verdade, quero ler as manchetes nas bancas de jornais, os gibis, tudo!

— Você quer ir à escola? Se quiser, podemos dar um jeito!

— Acho que não será possível, pois eu preciso me virar para ganhar uns trocados. Eu não posso ficar preso na escola – ele trazia uma expressão de sofrimento no olhar.

— Mas, se é o seu sonho, você não pode desistir dele.

— Sei lá... acho que vai ficar para depois, quando eu for maior.

— Não senhor, quando você for maior, terá passado muito tempo. Se você quiser, eu posso te ajudar a se matricular numa escola – disse segurando-o firmemente pelos ombros.

Pinguim me encarava com espanto enquanto eu mesmo duvidava das minhas palavras. Não me recordava de qualquer momento anterior em que tivesse feito favor a alguém que não houvesse solicitado. Entretanto, aquele garoto era diferente e mexia com os meus sentidos e sentimentos.

— Você jura? Está falando a verdade?

— Claro! Se você quiser, eu posso ser seu professor e ensiná-lo a ler as histórias.

— Eu disse que você era *sangue bom*! – ele rodopiava pela sala.

— Antes de mais nada, vamos melhorar esse vocabulário. Nada de gírias ou palavrões, entendeu? – eu disse encarando-o com firmeza. Vendo que ele prestava atenção, continuei: — Se você quer estudar e ser alguém, precisa aprender a falar corretamente e a se comportar perante as pessoas.

— Eu sou esperto e aprenderei direitinho tudo o que o senhor me ensinar – falou Damião.

— Você não disse que trabalha engraxando sapatos perto do aeroporto? Pois então, tem que saber falar bem e conquistar a simpatia dos outros. – Ele me olhava com atenção e olhos cheios de emoção. — E tem mais uma coisa, de hoje em diante, nada de apelidos. O seu nome é Damião e é assim que eu vou chamá-lo daqui para frente!

Damião, num gesto impetuoso, abraçou-me pela cintura dizendo:

— Puxa, você é um amigão – e como se sentisse a emoção que suas palavras causaram em mim, continuou: — Você é a primeira pessoa em quem eu confio!

Cheguei a engasgar e algumas lágrimas afloraram em meus olhos, mas eu disfarcei, afastei-o de mim e mandei que lavasse as mãos para que almoçássemos.

Ele obedeceu prontamente ao meu pedido e logo

depois entrou correndo na cozinha e eu o segui.

— Que comida cheirosa! Deve estar muito boa. Você sabe cozinhar, Anísio?

— Não sei, você é quem vai dizer depois de provar.

Damião ajudou-me a colocar a mesa.

— Oba, tem refrigerante!

— Qual dos dois você prefere?

— Qualquer um! À vezes eu ajudava na venda do Chicão e, quando ele não estava por perto, eu abria as garrafas de refrigerante e tomava um pouquinho de cada. Houve um dia em que consegui até esconder um litro debaixo da minha camiseta e dividi com as crianças lá na casa de dona Doca.

— Mas isto é roubo, Damião! – espantei-me com a revelação.

— Não, não é não! Eu só peguei emprestado. Se o senhor visse a alegria do Valtinho, do Zé e da Eliane, os filhos de dona Doca – como se eu o incentivasse com o olhar, ele prosseguiu: — Dona Doca nem perguntou onde eu tinha conseguido aquilo, mas sorriu para mim ao ver a alegria das crianças. Acho que foi a única vez, inclusive, que ela sorriu para mim.

— Mas isto não está certo, Damião. Nós nunca devemos pegar aquilo que não nos pertence.

— Eu sei disso, Anísio, mas eu não fiz por mal. Eu só sabia que nunca teria dinheiro para comprar.

— Não importa! Esse tal de Chicão confiava em você e você traiu alguém que queria ajudá-lo.

— Foi isso mesmo, porque o Fabião me contou um dia, que o Chicão descobriu as coisas que eu havia feito e ficou muito zangado, dizendo que jamais ajudaria alguém novamente, principalmente os moleques de rua como eu.

— Está vendo, Damião, é o que eu acabei de dizer. Com isso que fez, você reforçou o pensamento errado de que todas as pessoas pobres ou em situação de rua fazem coisas erradas.

— Deve ser por isso que quando as pessoas nos olham na rua, agem sempre como se fôssemos roubar a bolsa delas, não é? – Damião coçou a cabeça pensativo.

Fitei-o enternecido e me questionei como poderia lutar contra o preconceito e a ignorância num momento de crise social como o que atravessávamos.

Sentamos para almoçar e o menino comeu com gosto. Aproveitei para ensiná-lo a comer sem usar as mãos, mas sim, usando garfo e faca. Almoçamos em silêncio e depois de um tempo, perguntei:

— E então, gostou da comida?

— Estava muito boa, você cozinha bem! Nunca comi uma comida tão gostosa assim, nem na casa da dona Doca.

— Por que você não volta para a casa dela, Damião? Eu posso ir lá com você para que a procuremos.

— Não, eu não quero! – o menino saltou da cadeira completamente apavorado.

— Calma, garoto! Estamos apenas conversando – precisei acalmá-lo. Ele ameaçou ir embora e eu o contive: — Calma, eu não vou te mandar para lá, eu nem sei onde ela está!

— Por favor, Anísio, ela me batia, espancava mesmo, e deixava todo o meu corpo marcado – os olhos do menino eram suplicantes.

— Você me contou mesmo essa história! Esqueça esse assunto e acabe de comer.

Depois da refeição fomos assistir à televisão. Entre as minhas fitas de vídeo antigas, encontrei alguns desenhos e um deles, sobre a Antártida e os animais que vivem no gelo, dentre eles, o pinguim. O menino divertiu-se e deu altas gargalhadas enquanto eu observava o seu interesse.

— Este filme é bom! Eu gostei muito de aprender sobre os pinguins – disse Damião se levantando para ir embora.

— Aprender é maravilhoso. Eu vou lhe ensinar muitas coisas, prometo – levei-o até a porta e ele se voltou para mim, hesitante:

— Anísio...

— O que é, garoto? Alguma coisa?

— Sobre aquele negócio que eu disse de ser ladrão, de você ter que me defender... – ele mantinha os olhos baixos.

— O que é que tem? – perguntei quase sem voz e com o coração descompassado.

— Eu falei por falar. Eu nunca roubei alguém, bem, na verdade eu nunca quis, nem aquele dia na venda do Chicão.

— Eu sei, Damião, eu sei – disfarcei as lágrimas que embargavam minha voz.

— E eu também não quero fazer coisas erradas para que você tenha que me defender.

— Se depender de mim, você não fará, eu prometo. Agora vá – abracei-o com força e não tive vergonha que ele visse minhas lágrimas.

Emocionei-me como nunca antes havia acontecido, e de uma coisa eu já sabia: Damião estava me ajudando a descobrir um novo sentido para minha vida.

Capítulo 05

Mergulhei fundo na missão de ajudar o garoto e 2 vezes na semana, às terças e quintas, ele ia até a minha casa no período da tarde para estudar. Meu novo amigo me surpreendia a cada dia, nunca havia visto um menino tão sequioso de cultura e novos conhecimentos. Sempre interessado, esforçava-se nos exercícios. Eu havia lhe dado dois cadernos e até uma mochila, o que o deixou imensamente feliz, mas um pouco envergonhado pela sua nova situação frente aos companheiros que também moravam nas ruas.

— Quando venho para cá, todo mundo fica me *zoando*, quer dizer, fica rindo de mim – reclamou ele.

— Se você quiser, pode deixar suas coisas guardadas aqui – respondi, cuidando para que ele não acabasse se desinteressando e perdendo o estímulo.

— Não, eu tenho que mostrar para os meus amigos que eu estou aprendendo. Quem sabe isso faça com que se interessem, também, em estudar.

— É, quem sabe... quem sabe – falei tentando incentivá-lo.

Eu analisava o progresso do garoto. Nós havíamos nos conhecido em maio, era final de dezembro e ele já soletrava e escrevia muitas palavras. Pensando nisso, comentei um dia com Olavo, todo orgulhoso, enquanto pescávamos:

— Esse garoto vai longe!

— É, estou vendo! – disse ele enquanto examinava o caderno do garoto. — Você está fazendo um bom trabalho.

— Não sou eu, é ele mesmo! Ele é uma criança muito inteligente, Olavo, tem muita determinação – reagi.

— É, eu sei. Agora é só Damião para cá, Damião para lá.

— Deixa de ser bobo, homem – retruquei com os olhos cheios de ternura, prossegui: — Deus não quis que eu e Júlia tivéssemos filhos, mas, agora que esse menino apareceu no meu caminho, vou ensinar a ele tudo o que eu puder, como se fosse meu filho.

— E se esse moleque aprontar com você? Já pensou nisso, Anísio? É um menino de rua, criado ao léu — Olavo me olhava com preocupação.

— Não, não acho que vá acontecer – titubeei com a advertência.

— Se eu fosse você, não confiaria tanto.

— Você não sabe o que está dizendo – retruquei num fio de voz.

— Tomara que não, tomara que não...

Mesmo que eu não quisesse, as palavras de Olavo me desequilibraram e eu disse:

— Tudo bem, agora preciso ir e, além do mais, o mar não está ajudando muito – falei decidido enquanto recolhia meus apetrechos de pesca.

—Você ficou chateado com o que eu disse? – Olavo disse, sentindo-se inseguro com a minha atitude e tocando meu ombro.

— Não, está tudo bem, não se preocupe. Só preciso fazer umas compras.

— Mas, você nunca largou a pescaria tão cedo! – exclamou decepcionado.

— Já disse, preciso fazer umas compras. Depois de amanhã é Natal e eu recebi minha aposentadoria só hoje.

— Aposentadoria? A mixaria de sempre... – Olavo gargalhou ruidosamente.

— Damião me pediu uma bola de futebol – eu falei como se pedisse a sua aprovação para o meu ato.

— Tudo bem, a gente volta a pescar na próxima terça – ele sorriu, compreendendo o motivo da minha pressa.

— Por mim, tudo bem! – liguei o carro e saí rapidamente.

As ruas estavam enfeitadas para o Natal e eu fui até a Rua da Alfândega. Examinei algumas lojas de brinquedo e encontrei uma bola de futebol profissional escondida, como se esperasse por mim, toda de couro marrom e que, com certeza, causaria muita emoção ao meu pequeno amigo. A vendedora sorridente, atendeu-me com gentileza e simpatia:

— A bola que o senhor quer é esta mesmo? Temos outros modelos.

— É esta, sim! Também vou levar esta camisa do Flamengo e umas chuteiras - sorri interiormente, pois, pela primeira vez em anos, saía às ruas para comprar um presente para alguém em véspera de Natal. Não me contive e ainda comprei uma bermuda de *nylon* e uma camiseta amarela, a cor preferida de Damião. Deixei a loja excitado e feliz, imaginando a expressão de felicidade do rosto do menino quando me visse chegar com todos aqueles presentes. Ele havia me confidenciado que jamais havia ganhando um presente de Natal, aniversário ou em qualquer outra situação, em toda a sua vida. Confessou-me, também, que geralmente nesta data, quando saía para engraxar na Zona Sul, ele olhava para as vitrines coloridas e enfeitadas para a festa natalina, e fechava os olhos rezando para que seus protetores o ajudassem a ganhar um pouco mais de comida e algum presente, qualquer que fosse. Disse que, na maioria das vezes, chateava-se com os seus protetores. Comida quase sempre tinha, pois, algumas pessoas boas passavam de carro por debaixo da marquise e lhes entregavam uma quentinha com boa comida, até rabanada. Entretanto, os presentes tão desejados, nunca tinham vindo. Pensando em tudo isso, eu conseguia imaginar a alegria e a emoção que ele sentiria ao receber, pela primeira vez, seu presente.

Eu andei mais um pouco pelas ruas da cidade e senti fome, decidindo parar para comer alguma coisa. Sentei numa mesinha do lado de fora do restaurante, na calçada da movimentada avenida. Enquanto fazia o meu pedido, observei uma mulher acompanhada de 5 crianças pequenas, esmolando entre os fregueses. As crianças estavam sujas e maltrapilhas, aparentavam ter pouca diferença de idade entre si e seguiam a mãe, uma mulher de pele morena e olhos tristes, tez sofrida, carregando um bebê de mais ou menos 5 meses, preso ao seio. Fiquei observando e, de repente, meus olhos se depararam com a única menina do grupo, que devia ter por volta de 5 anos de idade e catava alguns restos de comida que o garçom ainda não havia retirado da mesa. Continuei encarando-a até que ela, percebendo meu olhar, sorriu para mim e caminhou na minha direção. Ela era linda, tinha cabelos e olhos castanhos que enfeitavam o rostinho remelento e sujo.

— Oi – eu disse, assim que ela se acercou de mim.

— Oi – ela respondeu, olhando-me com simpatia.

— Como é o seu nome?

— Pâmela – respondeu, sentando-se sem ser convidada e com seu vestidinho estampado rasgado e roto.

O garçom trouxe a refeição que eu havia pedido, uma pizza média de mussarela e dois pasteis de frango. Ela ficou olhando para o prato em êxtase.

— Pegue! – eu disse, vendo que a menina ficou indecisa, mas, eu podia perceber a fome em seu olhar: — Pegue! – disse novamente.

Animada pela minha inflexão de voz, ela obedeceu de forma mecânica. Mordeu o pastel com gosto, apesar de fumegante. O recheio escorreu pelos cantos de sua boca. Foi então que um menino, que parecia ser o mais velho entre eles, aproximou-se e ficou observando-a.

— Pegue o outro pastel e dê ao seu irmão – cortei a pizza em quatro pedaços e arrematei: — Leve a pizza e dê de comer aos menores.

Ela ficou indecisa, mas o menino rapidamente agarrou o embrulho e atravessou a rua correndo na frente dos carros, para seguir a mãe que já se afastava do outro lado da rua, sem se dar conta dos menorzinhos e da menina que havia deixado para trás. Pâmela continuava sentada, paralisada e indiferente a tudo. Eu disse com carinho:

— Agora vá.

A menina obedeceu como um pequeno robô, sem emoções. Os outros dois meninos, que deviam ter por volta de 3 e 4 anos e catavam chapinhas agachados, seguiram-na.

Fiquei aturdido. Todos os dias eu lia no jornal fatos escabrosos, atentados contra crianças de todas as classes sociais, e pensei no quanto aquelas pobres criaturas estavam à mercê de maníacos sexuais, loucos e desequilibrados de todas as espécies, drogados que na maioria das vezes se aproveitavam da inocência e fragilidade daqueles seres, presas fáceis para os seus doentios intentos. Eu não era religioso, mas não podia negar o benefício que esses programas sociais ligados a determinadas religiões, trazia para essas crianças. Era algo que merecia apoio de todos nós, cidadãos de bem. Era preciso que nos reuníssemos. Se não podíamos contar com alguém, muito menos com o poder público, que nada fazia para minorar as desgraças sociais que atravessávamos, precisávamos contar uns com os outros, com o trabalho solitário e solidário, mesmo que de auxilio momentâneo, para o próximo.

Eu não conseguia desgrudar meus olhos da cena e foi então que vi, com alegria, a menina sorrindo do outro lado da rua, acenando para mim com as suas mãozinhas sujas. Fechei meus olhos em súplica e ali, naquele instante, roguei a Deus que aquela menininha tivesse uma chance na vida, não só ela, mas todas as crianças que andavam abandonadas pelas ruas.

Lembrei-me de meu amigo Damião e me emocionei. Apanhei os presentes que estavam sobre a cadeira e apertei-os bem forte junto ao peito, imaginando, preocupado, se ele gostaria dos presentes. Eu queria muito agradá-lo e decidi, ainda, que o levaria ao Maracanã para estrear a nova roupa, por certo ele ficaria muito feliz. Meus olhos brilhavam ao imaginar a cena e o dia feliz que teríamos.

O garçom aproximou-se de mim e me alertou sobre as crianças pedintes. Eu resolvi ir embora, quando chegasse em casa faria um lanche.

Enquanto caminhava para pegar meu carro no estacionamento, meus pensamentos se desencontravam. A vida era mesmo muito engraçada e o destino, claramente, nos pregava peças. Há alguns meses eu era alguém amargo, sistemático, um velho triste e rabugento que reclamava de tudo e não tinha paciência alguma. Agora estava ali, fazendo planos para o futuro.

Fui tomado por uma sensação maravilhosa de felicidade por poder ajudar aquele menino. Ao mesmo tempo, eu tinha certeza de que, diante de toda aquela situação, era eu mesmo, em primeiro lugar, que estava sendo ajudado.

Capítulo 06

Meu pensamento voava por entre as paredes verde-água da sala de estar. Eu não conseguia parar de pensar no quanto a tarde do último sábado tinha sido maravilhosa. O sorriso e a alegria incontida de Damião não me saíam da memória. Ele havia adorado conhecer o Maracanã, ainda mais usando a roupa nova do seu time preferido. Eu também havia me divertido muito e ambos ficamos roucos de tanto gritar da arquibancada. Há tempos não me sentia tão feliz, bem e jovial.

— Anísio, Anísio Gonçalves Leme.

Despertei de minhas conjecturas, pois estava semiadormecido naquelas felizes lembranças.

— Anísio, Anísio Gonçalves Leme.

A secretária era jovem, esbelta e tinha cabelos prateados com uma mecha vermelha que lhe caía sobre a testa, e sua voz contrastava com aquele lugar, pois era fria e metálica.

— Pois não, senhorita, sou eu – respondi levantando-me.

— Pode entrar. O Dr. Rui está esperando o senhor.

Como eu continuei parado, esperando uma indicação, ela continuou:

— Segunda porta à direita, ao fundo do corredor.

Caminhei sem pressa pelo piso brilhante e escorregadio. Eu não gostava de ir ao médico, sempre ficava tenso, ansioso, nervoso, não sei explicar. Entretanto, na última semana havia começado a sentir umas dores estranhas do lado direito do abdômen, tinha suores frios, incômodos e enjoos. Não houve outro jeito e tive que procurar um desses profissionais da Medicina, aos quais não devotava muita simpatia.

— Pois não, o que está sentindo? – perguntou-me

o homem calvo e de grandes bigodes castanhos, sem sequer levantar o rosto da ficha que tinha à sua frente.

Fiquei extremamente aborrecido e reforcei a minha íntima crítica a esses profissionais da saúde que se comportam da mesma maneira que um inquiridor, deixando o paciente nervoso e inseguro, sentindo-se pior do que quando entra na sala de consulta. Penso que interesse, respeito e carinho são ingredientes necessários para criar uma boa relação entre médico e paciente. Tenho certeza que o paciente se sentiria muito melhor em poder contar com alguém que, além de poder ajudá-lo com remédios e fórmulas, se interessasse por ele. E vou além, acho que isso seria um grande passo inicial para o restabelecimento de sua saúde. Felizmente esse tipo de atendimento frio não é uma regra geral e ainda temos por aí, muitos profissionais que preservam o direito e o respeito aos seus pacientes, fazendo de sua profissão um verdadeiro estandarte de ajuda ao próximo. A minha vontade era me levantar e ir embora, mas já que estava ali, resolvi arriscar:

— Doutor, o que me traz aqui é uma dor estranha

no abdômen, inclusive, às vezes, sinto minha perna direita tremer.

— O senhor pode deitar-se ali na maca, por favor – seu tom de voz era frio e impessoal.

Sentindo-me incomodado, obedeci.

— Então, onde é a dor? – perguntou sem nem olhar em meus olhos, demonstrando no rosto que estava impaciente.

Expliquei com a calma que me é peculiar e incluindo todos os detalhes que achei necessários. O homem, ao fim do exame, percebendo que eu gemia de dor a cada apalpadela, ficou parado por alguns segundos, pediu que eu abotoasse minha camisa e retornou à sua mesa a fim de fazer anotações na ficha.

— Bem, senhor Anísio, receio que tenhamos aqui um caso cirúrgico.

— Cirurgia? Como? – perguntei nervoso e sentando-me novamente. Estava com 65 anos e nunca havia operado nem uma unha encravada.

O médico sorriu com o meu nervosismo e disse:

— Pedirei que faça alguns exames para comprovar as minhas suspeitas.

— E quais são as suas suspeitas?

— Pode ficar tranquilo, senhor Anísio, fique calmo – pela primeira vez levantou os olhos para mim e sorriu de forma cordial. — Sua vesícula está muito inflamada e creio que a cirurgia seja a melhor solução no seu caso. O senhor fuma, bebe ou é diabético?

Minha cabeça girava, não conseguia acreditar que teria que fazer uma cirurgia. Com olhos mercenários, o médico acrescentou:

— Creio que o seu plano de saúde cubra a operação, mas é melhor se informar com a nossa central para não ter nenhuma surpresa.

Permaneci calado, atônito, e o médico entendeu meu silêncio como se eu estivesse preocupado com meus recursos financeiros, inclusive, acrescentando com voz impessoal:

— Caso precise, posso lhe dar um encaminhamento para um hospital público. Se tiver algum conhecido, pode agilizar os exames por lá.

— Eu agradeço muito – respondi.

Ele despediu-se quase sem me olhar nos olhos. Saí atordoado do prédio e enquanto caminhava de volta para casa, não conseguia parar de pensar nas palavras do Dr. Rui. Eu precisava fazer uma cirurgia e eu não contava isso. Tentei dominar o pânico que sentia, mas, na verdade, não me sentia seguro para fazê-la.

Quando cheguei em casa, procurei meus amigos Olavo e Anita, que me deram todo o apoio possível. Damião, assim que soube, ficou preocupado e triste, porque sabia que durante a minha recuperação, não teríamos as nossas aulas. Agilizei todas as providências necessárias e no fim de uma semana, internei-me numa clínica na Tijuca, acreditando que tudo correria bem, como meus amigos faziam questão de afirmar.

E foi realmente assim. Apesar da minha ansiedade, a operação foi um sucesso. Fui operado às 8:00 e às 14:00, hora da visita, Olavo e Anita adentraram ao meu quarto trazendo peras, maçãs, uvas e algumas roupas que acharam que eu precisaria.

— Você está ótimo, graças a Deus! – exclamou Anita enquanto ajeitava os lençóis da cama e verificava se a sonda estava no lugar certo.

— Estou ótimo mesmo? — perguntei um pouco sonolento por causa do analgésico colocado no soro.

— Está sim, amigão, pronto para outra.

— O que é isto, Olavo? Que falta de sensibilidade! – Anita repreendeu o sarcasmo do marido.

— É só uma brincadeira – disse e apoiou-se, sem querer, no balancim que sustentava o soro, fazendo-me dar um grito que ressoou por todo o quarto.

— Ui, ui, devagar. O que é isso, Olavo? Quer me matar?

Enquanto ele se desculpava, veio a enfermeira, uma jovem senhora de pele clara, olhos azuis e muito bonita, dona de um sorriso encantador.

— Algum problema, senhor Anísio?

Olavo nervoso, adiantou-se, pois sentia-se culpado.

— Eu não sei, enfermeira, esbarrei aqui – apontou para o ferro – e acho que tirei algo do lugar.

A moça sorriu entredentes, conferindo o estrago.

— Felizmente, senhor, não houve problema algum, mas num hospital, não se deve sentar na cama de um doente. Trata-se de um ambiente que tem vírus, doenças infecciosas de toda ordem e que podem fazer muito mal, tanto ao paciente quanto ao visitante – como ambos ficaram calados, ela continuou: — O senhor Anísio acaba de sair de uma cirurgia e nem deveria receber visitas.

— Eu concordo, o Anísio está fraco e precisa descansar – arrematou Anita, tentando parecer simpática à enfermeira.

— Ah, que droga, parem de me tratar como a uma criança – falei zangado, tentando reclinar-me na cama, mas logo desisti diante da dor lancinante que senti.

— Calma, fique calmo! – socorreu-me novamente a solícita enfermeira. — Fique quieto e respire fundo.

Anita ajudou-a a me acomodar novamente.

— Está maluco, fazendo arte? – tornou Olavo.

A enfermeira foi taxativa:

— Bem, sou obrigada a decidir que, por hoje, as visitas estão encerradas. O paciente precisa mesmo descansar.

— Enfermeira metida! – Olavo cochichou para Anita, que disfarçou:

— Se não há outro jeito...

— Vamos embora! – enfatizou Olavo, pondo-se de pé à minha frente.

Anita acariciou-me o rosto abatido:

— Até logo, amigo. Fique com Deus!

Olavo complementou:

— É, vamos rezar para que tudo fique bem e que você volte logo para casa, está bem?

Sorri para os dois, unindo as mãos de ambos às minhas.

— Está bem, agradeço as orações. Não sei o

que faria sem vocês!

A enfermeira aguardou com impaciência que eles se retirassem.

Eu fiquei emburrado, pois não gostei do jeito que ela havia tratado aos meus amigos. Quem ela pensava que era? Por sua vez, ela fingiu não perceber e ajeitou meus lençóis, inspecionou o soro e ignorou completamente minha expressão de desagrado. Passado um tempo, ela pediu a ajuda de outro enfermeiro para trocar a roupa de cama e ele a atendeu com solicitude. Enquanto ele me virava, rapidamente, e com técnica sem igual, ela trocou os lençóis usados.

Fechei meus olhos sentindo o cheiro gostoso da roupa lavada que estava sendo trocada e, neste estado de torpor, deixei que minha mente divagasse, entregando-me aos meus pensamentos.

Torcia para que me recuperasse rápido e pudesse voltar para casa, para a minha vidinha de homem sozinho. Tentei fechar meus olhos e endereçar uma prece a Deus, mas sou obrigado a reconhecer que eu não era um homem de muita fé, embora me considerasse Católico e fosse a igreja de vez em quando. Na verdade, eu achava tudo muito mecânico, sem grande envolvimento.

Minha relação com Deus nunca foi muito boa e piorou ainda mais quando Júlia partiu. Senti-me enganado em meus sonhos e planos, pois não estava preparado para me afastar de Júlia daquela forma tão rápida... apenas 15 dias. Eu já me sentia recuperado, mas pensei que fosse enlouquecer à época, tamanha a dor que senti com sua perda. Eu sabia que esse era o destino de todos nós, todos iremos deixar esta vida, mas, como fazer, o que pensar?

A ideia de nunca mais ver a mulher que eu amava, minha companheira querida de tantos anos, me angustiava. Perguntava-me se ela estava bem, se havia sobrevivido à morte. Desde a sua partida, eu sentia necessidade de descobrir algo mais, uma fé diferente que permitisse que eu encontrasse novos caminhos de entendimento e compreensão. Mas, a minha fé me levava a crer que eu estava nas mãos de Deus e que só Ele era o Senhor do meu destino. Entretanto, eu não queria conhecer um Deus que havia levado minha esposa sem avisar, mas sim um Deus misericordioso que poderia dar-me uma explicação para a morte, para as dores do mundo, para as diferenças sociais.

Negava-me a acreditar num Deus vingativo, que punia as pessoas quando algo não lhe agradava. Se assim fosse, se todos os nossos atos fossem julgados desta maneira, seriamos como verdadeiras marionetes sem vontade própria, manipulados por uma força maior interesseira e caprichosa que dava prioridade apenas aos seus interesses. Onde estaria nosso livre-arbítrio?

Questionava-me se realmente existiria a vida após a morte, como diziam alguns Espíritas que eu conhecia. Este assunto estava na moda, na televisão, nos filmes em cartaz, tudo que envolvia espiritualismo e os *mortos que voltam*. Tudo tinha dado certo com a minha cirurgia até aquele momento, mas, e se eu morresse? Será que me encontraria com Júlia? Será que estaria preparado para iniciar a tal *nova vida* ou *nova morte*? Eu que era tão esperto, tão estudioso, mas não sabia o que acontecia quando as pessoas morriam. Iriam para o céu ou para o inferno? Bom, se para o céu só vão os bons, conforme um dia me ensinaram, a minha situação devia ser crítica. Com certeza eu arderia no fogo do inferno, mas, se não fosse para tanto, por certo me restaria o purgatório. Não era isso que sempre me dizia o padre?

— O senhor precisa de alguma coisa?

— Como?

— O senhor está longe, envolvido em seus pensamentos – disse a enfermeira que me olhava fixamente, enquanto eu observava que ela era simpática. — Perguntei se o senhor precisa de alguma coisa! Está confortável agora?

Estou sim, você é muito gentil respondi, correspondendo ao sorriso amável da moça que tinha por volta de 50 anos, e era uma mulher muito bonita. Resolvi bancar o engraçadinho: — Puxa, que bela recepção, estou deveras emocionado.

Percebi que ela me encarou com olhar de defesa e seu semblante contraiu-se. Fiquei sem jeito, pois não tinha a intenção de desrespeitá-la, então disse:

— Tudo bem, desculpe. Não quis ser inconveniente.

A moça sorriu relaxando:

— Tudo bem, Anísio. Posso chamá-lo assim, não?

— Claro! Com certeza. Seu nome é?

— Clarissa.

— Oh, Clarissa! Lembra-me Érico Veríssimo[3].

— Na verdade, meu nome é Ana Clara, mas todos me chamam de Clarissa – vendo meu olhar interessado ela continuou: — Eu conheço este livro, é realmente lindo. Li-o várias vezes quando era adolescente.

— Eu também. No tempo em que os meninos só queriam jogar bola, li quase todos os clássicos da literatura moderna.

— Você ainda gosta de ler, Anísio?

— Gosto, gosto muito – respondi animado.

— Que tipo de leitura?

---

3 *Clarissa* foi o primeiro romance do autor Érico Veríssimo, lançado no ano de 1933.

— Gosto de quase tudo. Ficção, policial, romance...

— Você é um homem romântico?

Não interpretei mal a pergunta, mas antes, aproveitei a oportunidade para abrir meu coração:

— Sim, creio que sim. Fui um homem muito feliz ao lado da minha esposa.

— Foi? Como assim?

Disfarcei algumas lágrimas. Falar de Júlia sempre me emocionava.

— Sou viúvo há quatro anos.

Sinto muito – Ana Clara respondeu com voz suave.

— Bem...

— Bem, não vamos falar de coisas tristes. Você precisa ficar bom logo.

— É, é verdade.

Ana Clara foi direta e objetiva:

— Se eu lhe emprestar um livro, você vai ler?

Você precisa se distrair um pouco.

— Claro. Por que não o faria?

— É que se trata de um livro diferente, mas que, com certeza, irá de encontro a muitas de suas indagações mais íntimas.

Comecei a ficar nervoso. Como Ana Clara sabia que existiam em minha mente tantas perguntas sem respostas? Ela então interrompeu meu silêncio:

— E então, vai ler ou não vai?

— Claro! Já estou até curioso.

— Então, trago amanhã.

— Amanhã? – perguntei decepcionado.

— É, amanhã. Agora, você precisa descansar – saiu do quarto apagando a luz e me deixando entregue, mais uma vez, aos meus pensamentos.

Ana Clara era diferente, era terna, segura! Fiquei muito impressionado com ela e precisava admitir que, desde a morte de Júlia, nunca havia ficado impressionado com mulher alguma. E haviam os olhos... os olhos de Ana Clara, azuis como mar em calmaria. Decidi tentar dormir e, acreditem ou não, sonhei com os olhos de Ana Clara.

Capítulo 07

— Vamos, Anísio, assim, devagar...

— Ei, cuidado com ele. Quer arrebentar os pontos ou o quê?

— Você quer me ensinar a cuidar do meu amigo?

— Ai, Olavo, você está ficando um chato.

— E você estressada. Que coisa!

— Chega! Nada de brigas – pedi num fio de voz.

— Sente ele aqui no sofá – disse Anita.

— Não, por favor, quero ir direto para o meu quarto! – intervi irritado.

Olavo e Anita entreolharam-se surpresos:

— Com esta sua rebeldia, teremos que chamar a

Clarissa para nos ajudar – Olavo retrucou, enquanto ajudava Anita a me ajeitar no sofá e colocar uma manta azulada sobre os meus pés.

— Ah, é, seu engraçadinho? Deixe a Ana Clara em paz, pode ser?

— Em paz, nada! Espere ela vir aqui, você vai ver como vou me queixar para ela – brincou Anita.

O som estridente da campainha nos despertou de nossa conversa.

— Eu atendo – falou Olavo.

Ficamos todos surpresos.

— Ana Clara! Estávamos mesmo falando em você! – exclamou Anita.

Olavo sorriu com ar maroto, piscando os olhos para Anita:

— Que coincidência, não é Anísio? Falávamos justamente em Ana Clara.

Clarissa sorriu com um sorriso de dentes brilhantes e cumprimentou:

— Boa tarde, Olavo! Oi, Anita!

Anita beijou-lhe a face afogueada.

— Oi, Ana Clara! Não liga para o Olavo, ele é um bobo.

— Tudo bem, já estou acostumada.

Ela então dirigiu-se a mim, um pouco inibida por estar ali fora de hora. Com certeza ela não esperava que eu estivesse acompanhado:

— E você, Anísio, tudo bem?

Tentando dominar a emoção com a visita, olhei profundamente para os meus amigos que observavam a cena e respondi:

— Está tudo bem, quer dizer, vai ficar, quando nós pudermos conversar a sós.

— Você não queria ir para o seu quarto? – Olavo ainda insistiu, só para me provocar.

— Não, agora não quero mais. Deixe-me aqui no sofá mesmo.

— Claro, claro, tudo bem! Então, nós iremos descansar um pouco aqui mesmo – redarguiu Olavo, puxando Anita para que se sentassem.

— Olavo...

— Anita...

— Tudo bem, já entendemos.

— Tchau! Se precisar, nos avise.

— Tudo bem, se precisar, aviso.

Demos boas risadas, os dois eram muito engraçados. Ana Clara esperou até que estivéssemos, enfim, sozinhos:

— Vim buscar o livro que emprestei.

Ela estava linda, num vestido azul-turquesa.

— Só isso? – perguntei, fitando seus olhos também azuis, que combinavam com o vestido.

— Não, não é só isso. É bom ver você novamente – falou, ruborizando.

— Verdade?

Clarissa baixou os olhos. Parecíamos dois adolescentes vivendo o primeiro amor.

— Às vezes, eu me sinto um bobo.

— Então, somos dois....

— Dois bobos?

— Não, duas pessoas apaixonadas e felizes – Clarissa aproximou seu rosto do meu e tive que me conter para não a beija-la.

— Eu não sei se estamos agindo certo – disse num impulso.

— Então, você... – os olhos de Ana Clara ficaram tristes.

— Não, não é isso... é que...

— Então, o que nos impede? Você é viúvo, eu sou solteira. E além do mais, estamos apaixonados!

Clarissa tinha toda razão. Eu realmente estava muito apaixonado por ela, mas não me sentia preparado para ter um novo relacionamento. Sentia como se fosse uma traição à Júlia.

— Vamos falar sobre o livro – pigarreei nervoso.

— Se você preferir, eu vou embora – Clarissa falou, levantando-se.

— Não, por favor, fique – segurei suas mãos com

força por alguns minutos e ficamos nos encarando.

Ana Clara tomou a iniciativa de soltá-las e, tentando ser natural, perguntou:

— E o livro, onde está?

— Está ali, na mesinha de centro. Pegue-o, por favor!

Levantou-se e voltou com o livro nas mãos:

— E então, estou curiosa. O que você achou?

— Não sei, é tudo tão novo para mim.

— E isso é bom ou ruim?

Fiquei confuso com a pergunta à queima roupa:

— Creio que seja bom, eu precisava mesmo rever alguns conceitos. *O Evangelho Segundo o Espiritismo* é muito interessante. Refleti bastante sobre o que li, e, com certeza, pela primeira vez depois que perdi Júlia, senti alguma consolação no meu coração.

Ana Clara sorriu, descontraindo-se:

— Isso é muito bom. O *Evangelho* é uma das cinco obras principais que contêm a temática Espírita e faz parte do pentateuco Kardequiano. As outras quatro são: *O Livro dos espíritos, O Livro dos Médiuns, O Céu e o Inferno e a Gênese.* Em *O Evangelho,* encontramos, segundo palavras constantes na própria obra, um roteiro individual e infalível para a felicidade vindoura, o levantamento de uma ponta do véu que nos oculta tudo sobre a vida futura; a partir do momento em que estudamos a Doutrina Espírita, sabemos que a vida não termina com a morte do corpo.

Interrompi suas palavras, confuso:

— Essa ideia, para mim, é ainda muito nova. Espíritos que não morrem e que voltam à vida, em num novo corpo...

Ana Clara tomou minhas mãos nas suas:

— É, é assim mesmo que acontece.

— Achei também muito interessante que seja um mundo semelhante ao nosso, ou melhor, com as características do nosso, e que, ao mudar de plano, permanecemos exatamente do jeito que fomos por aqui, com os nossos defeitos e qualidades. Dormimos, comemos, estudamos, tal como nos diz o livro

Nosso Lar, de André Luiz.

— E então?

— Não sei, ainda continuo confuso.

— O que lhe deixa confuso?

— Estar descobrindo as respostas para as minhas perguntas – fitei-a com os olhos úmidos.

— Mas, então, você não deveria estar confuso, e sim feliz.

Tentei explicar-me com calma:

— Eu tenho formação Católica, Clarissa, mas, raramente íamos à igreja. Rezávamos apenas quando queríamos pedir algo para os Santos, mas só isso. Para mim, Deus estava lá quando eu precisava, para me conceder favores ou interceder para amenizar as minhas faltas, as que eu pensava serem dignas de punição. Agora, preciso rever muitas coisas em minha cabeça – fiquei encarando um ponto fixo no horizonte, enquanto Clarissa me encarava com ternura. Aí tive coragem de perguntar: — Ana Clara, é possível saber se Júlia está bem? Se ela...?

— Se ela está bem e se aprova o nosso relacionamento?

Senti-me envergonhado, pois era justamente nisso que eu havia pensado. Talvez eu me sentisse mais à vontade em admitir o meu amor por Ana Clara, se eu soubesse que Júlia me entendia e perdoava. Eu havia prometido fidelidade à ela e, embora nunca houvesse me cobrado algo neste sentido, o novo relacionamento havia acontecido sem que dependesse da minha vontade.

Clarissa teve uma contração facial, mas respondeu tentando parecer natural:

— Claro que é possível! Se ela quiser e puder, nos mandará notícias.

— Não sei, depois da morte de Júlia...

— Júlia não morreu, Anísio. Simplesmente mudou de plano.

— Será que ela está bem? Será que sofre... com a minha traição?

Ana Clara foi taxativa.

— Consulte seu coração, sua intuição.

— Dentro de mim, creio que ela está bem! Júlia era uma mulher boa e maravilhosa, que enfeitou de sol os meus dias tristes – e como Clarissa me ouvia com atenção, continuei, emocionado: — A minha vida mudou desde o dia em que a conheci – parei de falar quando notei que dos olhos de Clarissa, pingavam grossas lágrimas. Arrependi-me do comentário fora de hora e tentei enxugar suas lágrimas, dizendo: — Eu nunca te enganei...

— É, eu sei...

— Sempre admiti que fui e sempre serei apaixonado por minha esposa. O que há entre nós é maravilhoso, diferente, mas...

— Eu sei, Anísio, e não estou lhe cobrando algo. Entretanto, quero que saiba que você também mudou a minha vida e não quero que nós dois nos sintamos culpados por um sentimento tão bonito – e antes que pudesse dizer qualquer coisa, ela prosseguiu: — Jamais vou tentar ocupar o lugar que Júlia ocupa em seu coração, mas eu sei que, se você quiser e permitir, eu posso amenizar a tristeza que sente com essa separação. Não tentarei ser igual a ela, mas sim, eu mesma, ofertando-lhe o que tenho de melhor.

Fiquei muito emocionado. Pobre Clarissa! Estava sofrendo por seus sentimentos por mim e talvez até achasse que eu não a amava. Percebi que precisava, urgentemente, desfazer o engano, descer do pedestal do meu orgulho e apaziguar as dores daquele lindo e terno coração que estava me ensinando um novo sentido de amar.

Ela preparava-se para levantar e sair, mas eu a puxei de encontro ao peito e olhei profundamente em seus olhos azuis:

— Eu também amo você! Sei que é de uma maneira diferente, mas eu a amo e quero muito te fazer feliz e cuidar de você.

Ana Clara desabou em copioso choro e eu não pude mais resistir. Uni meus lábios aos dela e uma intensa emoção nos envolveu. Mas, nosso *momento mágico* foi interrompido pela campainha:

— Você está esperando alguém?

— Não!

— Pode deixar que eu atendo – adiantou-se ela.

Era meu amigo Damião que, prontamente, olhou para Clarissa com olhar inquiridor. Ele trazia nas mãos sua caixa de engraxate.

— Oi, Damião, que surpresa! – eu disse sorrindo.

— Oi, Anísio!

— Você por aqui? O que houve?

— Eu estava andando pela rua e me deu uma enorme vontade de ver você!

Clarissa observava a cena com olhar terno. Resolvi apresentá-los:

— Ana Clara, esse é o...

Damião adiantou-se, fitando Clarissa com olhos marotos:

— Nossa! Que *coroa* bonita!

Resolvi repreendê-lo, mas no fundo estava orgulhoso por meu amigo ter reconhecido o meu bom gosto:

— Olha o respeito, garoto. Ana Clara é minha amiga.

Damião, esperto como era, com certeza percebeu o jeito que nos olhávamos.

— Amiga? Ela não parece amiga não...

Pigarreei tentando disfarçar, e Ana Clara salvou a situação:

— Então, você é Damião, o tão falado Damião...

Os olhos do meu pequeno amigo se acenderam.

— O Anísio fala muito de mim?

— Todo o tempo! – brincou Ana Clara sorrindo.

— Fala bem ou mal?

— O que é que você acha?

— Não sei, sinceramente não sei – respondeu Damião com uma expressão engraçada no rosto.

— Deixa de ser bobo, garoto – brinquei dando-lhe um piparote. Pisquei os olhos para Ana Clara e acrescentei: — E os estudos, como vão? Está estudando nas horas de folga?

Tentando esconder a tristeza, Damião respondeu:

— Estou sim, mas estou morrendo de saudades das nossas aulas.

— Eu também, eu também, mas, logo estarei melhor e retomaremos as aulas - comentei animado.

Damião aproximou-se de mim devagar, talvez temendo a minha reação com o que ia dizer:

— Mas, eu não posso só ficar estudando, então, hoje fui para a rua engraxar.

Ana Clara segurou-o com firmeza e perguntou:

— O que é que está faltando para você mudar de vida? Anísio tem me falado sobre a sua resistência em sair das ruas.

Damião baixou os olhos envergonhado, ouvindo-me explicar:

— Eu já ofereci a ele um trabalho de jardineiro aqui em casa, mas ele não quer. Disse que adora andar pelo centro da cidade, ver as novidades. A rua o atrai.

— Eu tenho uma ideia – interveio Ana Clara,

que parecia estar falando sob forte inspiração: —Eu faço um trabalho de assistência social num Centro Espírita do meu bairro. Este trabalho está ligado a uma organização não governamental, uma ONG, e é um projeto que visa ajudar as crianças de rua, como você, a encontrar uma nova razão de viver. Temos aula de música, teatro e arte-terapia, onde tratamos os problemas das crianças por meio da arte e, claro, também temos aulas para quem deseja se alfabetizar. Existe muito trabalho a ser feito! Você gostaria de participar?

— Não sei... quanto é que eu vou ganhar?

— O que é isto, menino? Deixe de ser mercenário! – interrompi, fingindo-me zangado.

— Ela falou em trabalho, então, eu pensei... – Damião desculpou-se inibido.

— Você está certo Damião, mas vamos combinar assim. Lá nós lutamos com muita dificuldade, pois vivemos de doações e não podemos pagar um salário. Entretanto, podemos deixar você morar lá, junto com os outros meninos, aí poderá estudar, como é o seu grande sonho e, nas horas vagas, se quiser me ajudar com as crianças menores, eu mesma lhe dou uma ajuda de custo para que tenha um dinheirinho para guardar e, no futuro, se tornar um grande desenhista de histórias em quadrinhos.

Damião olhava-a confuso, mas eu consegui perceber, pelo brilho dos seus olhos, que a proposta o tinha atraído.

— E então, o que você acha? – Clarissa insistiu.

Damião procurou meus olhos, como se pedisse uma aprovação.

— Por mim, está tudo bem. Será bom para você.

Damião coçou a carapinha, indeciso e disse:

— É, acho que vou gostar.

Ana Clara acariciou sua cabeça com doçura e disse:

— Prometo que vai.

Damião ficou parado no meio da sala, como se estivesse visualizando as novas decisões. De repente, pegou a caixa de engraxate e disse que precisava ir.

— Fique um pouco mais – insisti.

— Não posso, preciso trabalhar daqui a pouco.

Ana Clara estendeu-lhe as mãos com carinho:

— Até, Damião! Espero você amanhã, está bem? Aqui está o endereço.

O menino ficou parado e senti que ele sabia que precisaria ser corajoso para a grande mudança em sua vida. Abracei-o:

— Seja educado, garoto.

Damião pareceu acordar do torpor em que se encontrava e estendeu as mãos para Ana Clara, respondendo:

— Está bem, dona, muito obrigado.

— Não há de quê! Estarei lhe esperando – despediu-se Ana Clara.

Meu amigo partiu deixando-nos com um sorriso de satisfação. Eu fitei os olhos azuis de Ana Clara e eles pareciam estar repletos de intensa paz interior. Fiquei muito impressionado com a sua sensibilidade, pois ela havia conseguido de Damião o que eu vinha tentando há tempos, mas sem sucesso. Eu a amei ainda mais por isso e pensei em Júlia, agradecendo por aquilo.

Capítulo 08

— Vamos logo, garoto.

— Calma Anísio, já estou indo!

— Ah, faltam as iscas e o molinete – lembrei nervoso.

— Moli... o quê?

— Molinete, garoto, molinete.

Damião fitou-me espantado, questionando:

— É este carretel para colocar na vara de pescar?

— É esse mesmo, agora vamos. Tudo bem? Não esquecemos nada?

— Acho que não – respondeu Damião, ajudando-me a conferir os apetrechos da pescaria que se encontravam numa bolsa grande de couro.

Olavo entrou sem bater:

— E aí? Vocês demoraram tanto, que os peixes certamente já se esconderam.

Resolvi protestar, diante da impaciência do meu amigo:

— Dá um tempo, Olavo. Ao invés de ficar fiscalizando, ajuda aqui.

— Tudo bem. Eu vou carregar essas bolsas para o carro – falou decidido.

Apertando as sacolas, ele descobriu uma que exalava um cheiro agradável. Dirigiu-se a Damião, que tentava ajudá-lo:

— Oba! O que é isto?

— É a bolsa da comida – respondeu Damião com olhos felizes –, tem cada coisa gostosa!

— Você só pensa em comer, garoto? – brinquei animado.

— Ai, que nada – respondeu Damião nervoso. —

Está me dando uma dor na barriga...

— Está bem, vá ao banheiro e a gente te espera no carro.

Mas, o menino demorou mais que o normal e Olavo buzinou impaciente e gritou:

— Vamos logo, Damião. Que demora!

Damião saiu e, desculpando-se desalentado, veio sentar-se no carro.

— Agora fico sempre assim. Quando tenho que sair para algum lugar, fico nervoso e tenho cólicas na barriga.

Eu coloquei as mãos sobre ele e vi que estava suando frio.

— Nós vamos procurar um médico, tudo bem? Talvez seja um descontrole emocional – eu o acalmei.

— A dona Ana Clara já sabe – desculpou-se. — Lá na *Casa da Amizade* também acontece. Dona Selma, a psicóloga que é amiga dela, está me ajudando a entender o que está acontecendo comigo.

— E o que ela disse?

Damião explicou com ar sério e compenetrado:

— Para mim ela não explicou nada, mas eu ouvi quando ela conversou com a dona Ana Clara. Ela disse que eu estou vivendo uma fase nova na minha vida, totalmente diferente da que eu vivia antes e que, dentro de mim, sinto medo de perder tudo o que tenho agora. Por isso, sinto este descontrole, essa fobia...

Lembrei-me imediatamente de Júlia, pois ela sempre reclamava dos longos preparativos para nossas saídas. Ela também sentia mal-estar, dores e tinha medo que acontecesse alguma coisa.

— Anísio, o que é fobia?

— É, bem... é um medo, um medo doentio de que alguma coisa ruim possa acontecer.

Ele me olhava fixamente e senti imensa piedade dele. Apesar de estar na *Casa da Amizade*, sob os cuidados de Ana Clara e da equipe de trabalhadores, as sequelas de seu sofrimento anterior ainda estavam bem vivas dentro dele. Para uma criança que viveu na rua, exposta a todos os tipos de perigos, as coisas nem sempre são fáceis. Fome, abusos sexuais e drogas fazem parte desse universo que se apresenta aos nossos olhos todos os dias. Havia também os espancamentos, que inclusive Damião foi submetido por aquela mulher a quem sua própria mãe o entregou. Que sensação de abandono. Pobre Damião!

Meus olhos estavam ficando marejados e eu o olhei com amizade, dizendo:

— Vamos deixar isto para lá! Não precisa ter medo, todas as coisas ruins que viveu já passaram!

— Eu sei, Anísio. Agradeço a Deus por ter encontrado você e a Ana Clara. Todos os dias na prece, lá na *Casa*, eu peço para que você e Ana Clara sejam muito felizes – suas palavras eram cheias de ternura e sentimento.

— Obrigado, amiguinho, obrigado – agradeci comovido.

Olavo comentou com ar irônico:

— Até parece brincadeira! Um menino como você, acostumado a ficar na rua, agora ficando nervoso quando tem que sair de casa. Custo a crer!

Eu e Damião permanecemos calados e apreciando a paz da estradinha de terra que estava diante dos nossos olhos na janela do carro. Há coisas para as quais não há muitas explicações. Olavo era um homem prático, não era acostumado com sentimentos e demonstrações de afeto e de amizade, mas era um homem bom e íntegro. Para ele, as coisas eram como tinham que ser e as pessoas deveriam se acostumar com isso, adaptando-as à sua própria vida, sem sentimentalismos.

Eu havia sido assim um dia, mas agora, minha querida Clarissa estava domando um pouco o meu coração caprichoso e endurecido. Eu percebia que estava mais terno, suave, demonstrando mais os meus sentimentos, e eu acreditava que isso era um grande crescimento interior. Eu havia deixado de lado a capa protetora de antes, a que eu usava para me defender dos meus próprios sentimentos. Sentia-me mais humano e isso, com certeza, eu devia à Ana Clara. Enviei-lhe um pensamento de amor e paz, onde quer que ela estivesse. Ah, minha querida Ana Clara, como eu era grato por todo o bem que estava fazendo à minha vida.

Com os olhos cheios de amor e de saudade, deixei-me envolver pela vegetação aromática. Eu adorava a natureza e sempre me sentia revigorado perto dela. A viagem foi um pouco longa, pois resolvemos ir a uma praia afastada, assim ficaríamos mais à vontade e aproveitaríamos muito o dia. Fomos no carro do Olavo e levamos frutas, sanduíches e refrescos de manga e maracujá. Parecia muito mais um piquenique que uma pescaria. Fomos sacudidos por um solavanco do carro:

— Cuidado com os pontos, Anísio – disse Damião, preocupado.

— Eu estou bem. Estou ótimo!

— É a primeira vez que você sai de casa depois da operação – arrematou Olavo.

— É, mas está tudo bem, não se preocupem, vou pescar o maior peixe de hoje!

— Ah, isso nós veremos, senhor Anísio, isso nós veremos – brincou Olavo.

Damião ouvia a tudo com interesse. Para ele, participar da tão falada pescaria, programa que eu e Olavo fazíamos toda semana, há mais de 20 anos, era um grande presente. Olavo não tinha gostado da ideia, à princípio. Sendo sistemático e autoritário, não era favorável à presença de *intrusos,* mas eu o havia convencido a levarmos Damião para que partilhasse da nossa alegria. Não que ele não gostasse do menino, mas ele considerava que as nossas saídas eram momentos de descontração e de relaxamento espiritual, e ele não queria dividir isso com mais ninguém a não ser comigo, seu amigo de longos anos. No fundo eu sabia que, mesmo que seu orgulho não permitisse que ele reconhecesse, ele tinha ciúme do garoto, meu novo amigo e que, de um tempo para cá, representava uma nova fase da minha vida, antes sem objetivos e sem ideais.

Damião e Ana Clara mudaram a minha vida por completo. Mudaram minha forma de encarar as coisas, transformaram o coração de um homem que se julgava envelhecido e havia se transformado num espectro de tristeza e de frustração pelo que havia infligido a si mesmo. Eu tinha me recolhido a um estado de solidão e só queria, como companhia, as lembranças dos dias felizes que um dia eu vivi. Mas, isso tinha acabado. Hoje sentia-me um novo homem e até me permitia sonhar com o futuro. Inegavelmente, o passado continuaria tendo o seu lugar de destaque, mas eu não poderia me prender a ele quando um futuro me acenava de forma promissora, descortinando diante dos meus olhos, novas descobertas e um mundo novo, cheio de ternura, carinho, amizade e amor.

Tinha reavaliado os meus conceitos antes tão inflexíveis, tornando-me mais brando e compreensivo. A convivência com aquele menino de rua, apesar de sua pouca idade, havia trazido experiência ao meu Espírito velho e endurecido por experiências traumáticas e infelizes. Também o amor de Clara, com sua meiguice e candura, tornou-me mais apto a perceber as pequenas sutilezas que tantas vezes deixei passar sem dar a devida importância no meu relacionamento com Júlia. Era bom amar e ser amado, mas também era muito bom fazer o outro sentir-se amado, permitindo que ele soubesse o quanto contribuía para o sentimento de felicidade.

Eu jamais esperei por nada disso, por esta mudança tão brusca e repentina da minha vida, mas agora estava disposto a aproveitar cada momento deste novo mundo, com toda a sofreguidão de um *corpo velho*, mas de uma *alma jovem*, sequiosa de novos e importantes aprendizados na caminhada. Justamente por isso, fiz questão de proporcionar aquele passeio e faria tudo que estivesse ao meu alcance para que o encontro dos meus dois amigos gerasse entre eles um nobre sentimento de amizade, o mesmo que eu nutria pelos dois.

Chegamos por volta das 9:00 e procuramos um lugar afastado, onde pudéssemos ficar mais à vontade e aproveitar o dia maravilhoso e ensolarado que teríamos pela frente. Damião ficou encantando com a praia e, enquanto ele brincava de pular as ondas que salpicavam seu rosto com os respingos do mar, nós nos posicionamos com nossos apetrechos, perto de uma área que julgamos que iria nos dar grandes e saborosos peixes para fritarmos. O menino não pensava em outra coisa senão comer peixe frito!

Construí uma fogueira improvisada com galhos

e gravetos secos e, assim, pude conhecer um pouco mais do lugar. Pensei em convidar Damião para me acompanhar, mas ele estava entretido com a praia e ficou perto de Olavo que, em silêncio, buscava em sua caixa de pesca, iscas variadas, na esperança de pegar o maior número de peixes possível.

Caminhei devagar pensando em me afastar, mas a cena curiosa me chamou a atenção. Se eu bem conhecia Damião, tinha certeza que ele tentaria se aproximar de Olavo e criar um clima de cordialidade entre eles. Mas, pelo que eu percebi, Olavo estava irredutível. Fiquei observando-os, escondido atrás de uma grande árvore que tinha magnífica sombra.

— Olha lá, que peixe grande! – falou Damião, aproximando-se de Olavo. — Vamos pegá-lo, senhor Olavo!

— Psiu! Fica quieto, garoto, assim eles se assustam e vão embora! – respondeu Olavo irritado.

— Desculpe – Damião ficou sem jeito –, mas eu acho que este lugar não está bom! Por que o senhor não tenta ali perto daquelas barracas bonitas?

—Você sabe há quanto tempo sou pescador, garoto? Quer ensinar o padre a rezar a missa? – disse Olavo, aborrecido com o comentário.

Damião, esperto como era, não perdeu a naturalidade e explicou com um jeitinho todo especial:

— Desculpe, senhor Olavo, eu não quis aborrecê-lo. Mas, antes que o senhor estendesse os anzóis, eu dei uma voltinha por ali, sabe como é, para conhecer melhor o terreno, e vi cada peixe grandão assim – disse o menino, demonstrando o tamanho com as mãos.

Olavo, interiormente, achou graça, mas não demonstrou. Percebeu que a colocação do garoto poderia ter um fundo de verdade. E Damião continuou:

— Por que o senhor não tenta? Aí, quando o Anísio voltar, vai ficar orgulhoso de ter um amigo tão bom pescador como o senhor, vendo que é um homem experiente e que sabe das coisas.

As palavras do garoto mexeram com o orgulho do meu amigo que, como qualquer pessoa, adora sentir-se supervalorizado.

— Você é esperto, vamos para lá, então.

De fato, por conhecimento ou intuição, Damião tinha razão. Os peixes logo começaram a morder a isca e Olavo ficou excitado! Grandes e novos peixes foram sendo fisgados por Olavo e retirados do anzol por Damião, que os colocava num grande cesto de palha sobre a areia da praia. De longe, ainda escondido atrás da árvore, continuei prestando atenção ao diálogo, vendo que Olavo, radiante, não podia se conter de tanta felicidade.

— Você quer tentar um pouco, garoto?

Damião ficou mais feliz ainda:

— O senhor vai me deixar pescar?

Olavo, então, exultou. Sentindo-se o professor do garoto, resolveu mostrar-lhe seus conhecimentos. Tomou-lhe as mãos e passou a explicar o passo a passo:

— Olha, você tem que fazer assim, entendeu? Para ser um bom pescador, é preciso ter muita disciplina, esperteza e perseverança.

Damião seguiu as recomendações com presteza e logo um enorme peixe mordeu o anzol, fazendo o menino até bater palmas de tanta alegria!

— O senhor viu, senhor Olavo? O senhor viu? Eu peguei esse peixe sozinho.

— Muito bem, você está aprendendo, garoto, está aprendendo!

Damião, impetuosamente, agarrou-se no pescoço de Olavo, dando-lhe um afetuoso abraço.

— Eu estou tão feliz, tão feliz! Obrigado, senhor Olavo, muito obrigado!

Olavo disfarçou para não demonstrar, mas ficou feliz e emocionado com a demonstração de carinho do garoto.

— Eu estou feliz por estar aprendendo muitas coisas.

— É mesmo? – os olhos de Olavo tornaram-se interessados.

— É verdade. O Anísio é muito bom comigo, me

ensina muitas coisas. Agora o senhor, também. É bom demais! – Olavo fitava o menino com intensidade e Damião, sentindo-se ouvido, continuou:
— Eu gosto muito do Anísio, gosto como se fosse meu pai.

As palavras do menino tocaram Olavo.

— E seu pai, onde está?

— Não sei, não senhor. Deve estar por aí, fazendo mais filhos...

— O que é isso, garoto? Isso é jeito de falar?

— É o que minha mãe sempre dizia.

— Por que ele foi embora?

— Quando estava em casa, chegava bêbado e batia na minha mãe, espancava, sabe. Eu não me lembro direito, porque eu era muito pequenininho.

— E sua mãe, o que foi feito dela?

— Dona Noca sempre disse que minha mãe tinha me dado para ela por não gostar de mim e que ela vivia por aí, de casa em casa, trabalhando por um prato de comida.

Olavo ouviu atentamente e acrescentou:

— E você sente falta dela, do seu pai, que você mal conheceu?

Damião quase engasgou ao responder:

— Sabe, senhor Olavo, por mais que eu diga que não, eu sempre quis ter um pai, um pai de verdade. Um pai que me abraçasse, me dissesse palavras bonitas, que me levasse para passear e perguntasse coisas sobre a minha vida.

Olavo apiedou-se do menino. Apesar de tão pequeno e tão sofrido, era bastante inteligente para um menino que vivia nas ruas.

E Damião continuou:

— Às vezes, eu sentia muita inveja das outras crianças por causa disso. Ficava revoltado, agressivo, sei lá...

— E agora?

— Agora eu estou aprendendo a melhorar. Lá, na *Casa da Amizade*, as tias nos ensinam que cada um está colhendo aquilo que plantou. Estou aprendendo a receber o carinho delas. Elas são muito boas com a gente, comigo e com as outras crianças.

— Você está gostando? Ainda pensa em voltar para as ruas?

— Não, não quero voltar para as ruas, não senhor. Quando sinto vontade, eu me lembro das nossas aulas lá da *Casa* e das tias contando histórias sobre Jesus. Não quero fazer coisa errada. Antes, eu tinha medo de Deus me castigar, mas agora, eu sei que se eu fizer alguma coisa errada, vou estar castigando a mim mesmo e adquirindo coisas muito ruins para a minha vida.

— Que bom! Anísio, com certeza, ficaria muito feliz em ouvir isso.

— Eu nunca vou decepcionar o Anísio. Ele foi a primeira pessoa em quem confiei; é meu amigo, e a minha amizade por ele é um sentimento sagrado. Aliás, todos os sentimentos são sagrados, o senhor não acha?

Olavo calou-se, enquanto eu, fingindo retornar e saindo de meu esconderijo, ouvi ainda o final da conversa. Não pude deixar de sorrir. Damião já havia conquistado, também, o coração do meu melhor amigo.

Capítulo 09

— Oi, Olavo, oi Anita!

— Estamos atrapalhando?

— Não, de jeito algum. Entrem, fiquem à vontade!

— Viemos contar uma novidade – adiantou-se Anita, que trazia um imenso sorriso nos lábios.

— Novidade? Acho que estamos mesmo precisando ouvir algumas novidades, não é Kojac? – brinquei, acariciando meu gato que estava no meu colo.

— Deixa que eu falo – adiantou-se Olavo, com os olhos brilhando: — Eu e Anita estamos frequentando um Centro Espírita, um trabalho de cura e desobsessão, e estamos nos dando muito bem!

Fiquei calado, aguardando a conclusão da história.

— Você não ficou surpreso? – perguntou Anita interessada.

— Surpreso? Por que ficaria? – encarei-os com olhos joviais. — Acho que nós também temos uma novidade para contar a eles, não é? – disse, colocando meu amigo felino no chão, que correu para se aninhar no canto do sofá e concordou com um miado.

— É mesmo, Kojac? – disse Anita, abaixando-se para acariciá-lo.

— Eu também estou frequentando um Centro Espírita!

— E não contou nada para a gente? – reclamou Olavo.

— Não, não é isso – desculpei-me –, é que eu estava esperando passar um pouco mais de tempo – como meus amigos ainda me ouviam, conclui: — Clarissa também é Espírita e frequenta um Centro Espírita aqui mesmo, no Méier.

— É mesmo? E você escondeu o jogo tanto tempo!

— Deixa de ser bobo, Olavo. Eu sabia das convicções de Ana Clara, mas daí a frequentar um Centro Espírita, é outra história.

— E onde fica esse Centro? – perguntou-me Olavo.

— Na rua do mercado, perto do posto de gasolina, aqui mesmo no nosso quarteirão – respondi calmamente.

Anita exultou de felicidade:

— Não acredito, quer dizer então...

— Que nós estamos frequentando o mesmo Centro Espírita! – arrematou Olavo.

Também fiquei surpreso e gostei da novidade:

— Que maravilha! E o que vocês estão achando?

— É tudo muito novo, mas muito interessante, não é Olavo? — falou Anita, apertando as mãos do marido.

— Claro! Eu também tenho aprendido bastante.

Tenho lido livros bonitos e instrutivos, que falam da sobrevivência do Espírito, do nosso trabalho de reforma interior, e tenho refletido a cada instante sobre muitos pontos interessantes da minha vida.

Encarei meu amigo fixamente, e dei graças a Deus por ouvir de seus lábios tal declaração. Crescer espiritualmente era sempre muito bom!

— Se você quiser — ofereci —, posso lhe emprestar alguns livros meus. Nunca lhe falei antes porque, pelo que conheço de você, leitura não é seu forte.

— Mas agora mudei de ideia — falou Olavo com um brilho diferente no olhar —, estou me tornando um leitor assíduo e sou obrigado a reconhecer que a leitura nos abre grandes horizontes.

Eu, que era um apaixonado pela leitura, apressei-me em concordar com ele. Peguei o livro que estava lendo da mesa de centro e disse:

— Claro, você tem toda a razão. Já leu este aqui?

Olavo, interessado, puxou-me o livro das mãos.

— *O Grande Enigma*, de Léon Denis. Parece ser

bom — disse folheando-o para perguntar em seguida: — Quem é Léon Denis?

Sorri diante do interesse do meu amigo.

— Bem, ainda conheço muito pouco, mas, pelo que sei, Léon Denis foi um dos maiores divulgadores da Doutrina Espírita no seu tempo. Publicou vários livros e fez inúmeras conferências, não só na França, seu país de origem, como em outros países, sempre divulgando a Doutrina.

— E sobre o que trata este livro?

— É um livro lindo! Para mim, uma obra-prima, e nele o autor propõe uma explicação sobre o destino, tudo o que a alma humana deve conhecer acerca do mistério infinito de Deus e da compreensão de toda a sua realidade.

Olavo estava muito atento às minhas explicações.

— Se você quiser, posso emprestá-lo a você.

— Claro! Estou ansioso para ler esta preciosidade.

— Eu também – interveio Anita, tomando o livro das mãos de Olavo e folheando-o com interesse.

Resolvi brincar com meus amigos:

— Mas olha lá, hein! Ele tem dois *vês*: vai e volta! Nada de se apossar do meu livro e não o devolver mais, preciso emprestá-lo a outras pessoas.

— Pode deixar. Vou começar a ler nesta noite mesmo e prometo entregá-lo o mais rápido que puder.

— Calma! Também não precisa ser tão rápido assim – brinquei.

Ficamos quietos por alguns momentos e foi Olavo quem quebrou o silêncio.

— Puxa! E nós que viemos lhe fazer um convite!

— Bem, chegaram tarde, mas, valeu a intenção.

Gargalhamos, enquanto eu trazia um café para servir aos meus amigos.

— Até Damião está frequentando a evangelização, e essa mudança tem feito muito bem a ele. A Clarissa o encaixou no serviço social lá do Centro, que está ligado a uma organização não-governamental da qual ela faz parte e, pela primeira vez na vida, ele aceitou sair das ruas. Agora está morando lá, junto com outras crianças, num lugar que eles denominam *Casa da Amizade*.

— É mesmo, Anísio? Que maravilha! O Olavo já havia comentado comigo sobre esse fato.

— É, e ele agora ajuda Ana Clara até na escola de evangelização. Nas horas vagas, exercita-se em seus desenhos, que são vendidos no bazar e em pequenas exposições de onde Ana Clara tira o dinheiro para a sua manutenção e para que ele possa colocar na poupança para pagar a sua faculdade, como é o seu grande sonho. Está fazendo muitos progressos.

— Que ótima notícia!

Olhei o relógio impaciente.

— Daqui a pouco vou precisar ir até lá, pois prometi a Ana Clara que iria encontrá-la.

— Então, iremos juntos – complementou Anita.

Levantando-me rápido, fui trocar de camisa, enquanto meus amigos aguardaram na sala. Chegamos dez minutos antes e o Centro estava cheio.

Pessoas de todas as classes sociais, jovens, crianças e idosos, adentravam o salão, buscando aprender um pouco mais sobre aqueles novos ensinamentos que estavam sendo tão importantes e produtivos em minha vida. Acomodamo-nos numa fileira de cadeiras brancas, logo no início do salão, e Olavo, então, despediu-se de nós:

— Não posso ficar com vocês, vou até o segundo andar para participar de uma sessão especial.

— É sobre a bebida? – adivinhei do que se tratava.

— Hum, hum – respondeu ele, levantando-se – , encontro vocês depois.

Apertei as mãos de Anita com força e ela falou baixinho, quase cochichando:

— Olavo está buscando ajuda e, acima de tudo, aceitando ajuda.

Sorri para minha amiga, que fixou em mim seus olhos ansiosos.

— Ai, Anísio, estou tão feliz.

— Eu também, e sei o quanto você o ama.

— Ele agora quer se curar. Isto não é maravilhoso?

— Ele vai se curar, querer é poder.

— Que assim seja! – respondeu Anita, enxugando algumas lágrimas que já lhe escorriam pelos cantos dos olhos.

As pessoas não paravam de chegar. Fechei os olhos e agradeci a Deus pela oportunidade de estar ali com meus amigos e, claro, pela ajuda que Olavo estava recebendo naquele lugar. Estávamos todos conhecendo um pouco mais a Doutrina Espírita, e, com certeza, este conhecimento nos traria novas e maiores oportunidades de melhoria em nossas vidas.

Capítulo 10

Acordei com a lambida de Kojac em meu rosto.

— Ei, amigão, o que está havendo? Tenha modos! – Seus olhinhos ficaram me encarando amuados, e era sempre assim quando eu brigava com ele. Até que esquecesse, ou eu lhe pedisse desculpas, ficava birrento.

Revirei-me na cama e notei que minha coluna doía, como era comum nos últimos tempos. Tentei levantar-me, mas uma preguiça gostosa se instalou em meu corpo e eu fiquei letárgico, pensando na minha vida e em Ana Clara. Ah, Ana Clara, que mulher maravilhosa. Era doce, amiga, humana, e vinha me ensinando muita coisa importante. Tudo estava tão bom que chegava a me assustar. Sempre pensei na solidão como um longo e penoso aprendizado e, agora que eu aprendia a lidar com ela, a conviver com ela, sinto medo de não mais conseguir me sentir só. São tantos medos!

Eu era um homem decidido, arrojado, dono de mim, mas começava a sentir medo de me sentir frágil, de me expor e me tornar ridículo, de vivenciar meus sentimentos, pois eu pensava que eles não me dariam a solidez que eu precisava, ou que ao menos eu pensava precisar. Dr. Anísio Teixeira, um homem tão maduro, tão senhor de si e de suas ações e sentimentos, com medo de arriscar, apesar de já sentir a doçura daquele sentimento que me enchia de paz e de alegria diante dos dias tristes. Como eu poderia negar? Eu estava apaixonado, tal qual um adolescente que, lançando-se desmedidamente em busca do seu ideal, vence todos os obstáculos para desfrutar dos melhores momentos ao lado da mulher amada. Eu me sentia exatamente assim!

Se eu pudesse, ficaria o tempo todo perto de Ana Clara, sentindo seu perfume e ouvindo-a falar de seus sonhos, anseios, ideais. Apesar de não ser mais o jovem arrojado, impulsivo e inconsequente, sem medo do tempo ou de qualquer outra coisa, desejava entregar-me ao ser amado e à plenitude de um sentimento envolvente e puro que me fazia melhor a cada dia. A diferença, hoje, é que sei o que quero e essa decisão só depende de mim, pois não preciso da aprovação das pessoas para seguir os caminhos que eu escolho, e isso é maravilhoso. Vivo um momento mágico, indescritível, e acho que o amor nos faz sentir assim mesmo, livres, ousados, inteiros! Noutro dia, por exemplo, eu beijei Ana Clara impetuosamente enquanto caminhávamos pelas ruas do nosso bairro. Clarissa, como ela gosta de ser chamada, procurava portar-se com discrição, sempre muito sóbria e, em princípio, ficou ruborizada, mas depois, timidamente, recostou a cabeça em meu peito e sorriu com ar de felicidade estampado no olhar. Foi tão bom!

Rolei mais uma vez na cama envolvido por meus sentimentos, e quase deitei no rabo de Kojac, que miou assustado escondendo-se debaixo da cômoda. Inquieto, decidi levantar-me e abrir a janela. Pessoas apressadas cruzavam as ruas driblando os carros com suas buzinas insistentes, dando o colorido daquela manhã. Era a vida recomeçando naquele dia de verão intenso, onde as pessoas pareciam aquecidas e impulsionadas pelo calor. Como seria a minha vida dali para frente? Eu era considerado um homem velho e estava ali, pensando e sonhando com o futuro! Um novo envolvimento emocional me assustava e me fazia questionar se estava preparado para me tornar parte de outra pessoa, ser protegido, fortalecer laços, correr riscos inerentes a essas entregas emocionais. Sentia-me frágil, inseguro e ansioso, mas sempre que pensava em Ana Clara, percebia que precisava retirar urgentemente esses medos do meu coração. O sentimento já estava ali, tinha acontecido, mas, como explicar algo tão bonito? Eu jamais tive dúvidas quanto aos meus sentimentos por Júlia, a amei e ainda amava com todas as forças do meu coração, mas o novo sentimento que me unia a Clarissa me fazia perceber que também a amava, talvez de uma forma diferente, mas amava.

A verdade é que estava vivendo um sonho maravilhoso e isso me impulsionava a viver. Para mim, viúvo há tantos anos, essa nova emoção de amar e me sentir amado, ao mesmo tempo me assustava e fazia sentir-me pleno. Tudo era muito novo, bonito e intenso e me perguntava o tempo inteiro se ainda tinha direito de sentir aquela nova felicidade.

Olhei para meu amigo felino que voltava para deitar-se sobre minha cama e me encarava enquanto estava ali pensando. Mergulhado em sua sensibilidade, ele devia perceber as inúmeras perguntas que habitavam o meu coração.

— E agora, Kojac, o que é que eu faço? – perguntei como se ele pudesse me dar a resposta que eu tanto esperava ouvir, mas ele só balançou o rabo em sinal de desagrado, me fazendo pensar: — Amigo de Júlia como é, deve estar me achando um traidor – acariciei seu pelo macio cor de mel, bem escovado quando ele deixava eu escovar: — Perdoe-me, amigão, mas eu não posso negar o que está acontecendo comigo.

Ele apenas me olhou e resolveu dormir. Na certa sabia que brevemente eu encontraria uma solução, fosse qual ela fosse, para dissipar as dúvidas que atormentavam meu *velho* coração.

Dois anos antes de Júlia morrer eu já estava aposentado, mas continuei a trabalhar com a esperança de amealhar cada vez mais bens materiais. A desculpa era sempre a mesma: a troca do carro, a reforma da casa e muitas outras coisas que sabíamos não serem tão necessárias ao nosso bem-estar. Tínhamos uma vida financeiramente tranquila mas, apesar da felicidade que eu tentava buscar ao lado da minha esposa, agarrei-me aos objetivos materiais da vida e, passo a passo, criei para mim um mundo totalmente voltado ao trabalho, uma tentativa feroz de me proteger, me esconder e me tornar cada vez mais forte atrás da minha carapaça. A vida não havia nos dado filhos e, confesso, muitas vezes culpei minha esposa por isso, jamais aceitando um tratamento. Eu, tão inseguro, inquestionável e verdadeiro, temia ter que admitir as minhas falhas e deficiências. Entretanto, ao mesmo tempo, éramos companheiros um do outro, pensávamos igual e, com o passar do tempo, nos tornamos uma cabeça com uma só alma. Conversávamos muito sobre os nossos problemas, pois pensávamos que dialogar e tentar resolver as coisas juntos fazia uma enorme diferença. Éramos grandes amigos e tudo isso só se fortaleceu ao longo do tempo. Como seria possível que, depois de um relacionamento tão forte e envolvente, eu estivesse interessado em outra mulher?

Mas, era preciso admitir que o sentimento que agora se apresentava era mais cálido, mais calmo, um companheirismo que não se traduzia bem numa atração física, mas sim, numa atração de almas. Como negar esse sentimento, se minha *jovem* namorada já ocupava um lugar todo especial no meu coração? Ela era meiga, simples, amiga, sincera, e fazia um bem enorme ao meu *velho* coração. Se eu pudesse saber que Júlia, onde estivesse, aprovava este novo momento da minha vida, seria maravilho! Apesar de experimentar toda aquela felicidade, eu não me sentia honesto com minha esposa.

O que as pessoas ao meu redor achariam de mim? Um velho de 65 anos, apaixonado novamente? O que comentariam entre si, os jovens da vizinhança, quando percebessem minha imensa vontade de ter Clarissa bem perto de mim, andar com ela de mãos dadas pelas ruas, com o mesmo brilho no olhar de anos atrás, cuidar dela, ampará-la? O que pensariam do fato de me sentir capaz de viver tantas coisas importantes ao lado dela, sentir seus olhos nos meus, sentir a carícia de uma pele tocando a outra, a beleza de um coração despertando para o amor, sentir o calor das mãos de Ana Clara segurando as minhas com força, sempre que sentisse necessidade de proteção, afago e amparo, encolhendo-se toda no meu abraço?

Mas, eu sabia que era graças a esse sentimento que havia me tornado diferente, corajoso e íntegro, que poderia dizer a todos, em alto e bom som que, apesar do meu rosto enrugado, da minha pele marcada pelo tempo, das minhas rabugices e desatenções, dos meus esquecimentos e dificuldades, ainda tinha sentimentos como todo mundo e que minhas mãos ainda sabiam sentir o toque suave de outras mãos doando e recebendo carinho. Enfim, apesar de ser considerado um *velho*, eu estava cada dia mais vivo e disposto a doar e receber o amor incondicional daqueles à minha volta, trocando e aprendendo com a mesma sofreguidão dos tempos passados.

Resolvi me acalmar. Estava nas mãos de Deus e eu deixaria que Ele decidisse os nossos destinos.

Capítulo 11

O Centro estava cheio. Fui mais cedo à reunião, na esperança de não cruzar com Ana Clara, pois sentia-me confuso e precisava pensar um pouco mais. Na verdade, não me sentia seguro para dar-lhe uma resposta definitiva em relação aos meus sentimentos. Sentei-me, em princípio, ansioso, procurando-a em todos os rostos que chegavam, mas, assim que relaxei e me distraí, senti uma mão tocar meu braço com suavidade.

— Oi, Anísio, você está me evitando?

— Eu? Evitando você? – reagi mal à pergunta. — É impressão sua – respondi, sem graça.

Ana Clara fitou-me com os olhos mais serenos e lindos que eu já havia visto:

— Anísio, nós não somos mais crianças.

Continuei fitando os lindos olhos azuis de Ana Clara e, não teve jeito, fiquei desarmado:

— Olha, Ana Clara, está tudo tão confuso na minha cabeça. Tenho... tenho... me sentido tão perdido...

Ana Clara acolheu minhas mãos nas suas e disse com sua voz, quase num sussurro:

— Querido, o amor não tem idade – e como eu continuava fitando-a com ternura, ela continuou: — Amo você e leio em seus olhos, mais a cada dia, que você também me ama.

Fiquei tímido e sem jeito. Tive vontade de abraçá-la, mas me contive a tempo. Ela apertou ainda mais as minhas mãos.

— Por favor, aqui não é o lugar – falei baixinho.

— Eu não estou me escondendo de ninguém, Anísio. Pare de sentir-se um menino que vive fazendo artes, que precisa receber uma punição por estar gostando de alguém.

— É que... é que eu... não estou sabendo o que fazer da minha vida.

Ana Clara fitou-me ternamente, deixando-me ainda mais confuso.

— Se você deixar, eu posso ajudá-lo a descobrir!

Puxei-a com pressa, levantando-me.

— Vamos sair daqui. Nós precisamos conversar.

— Vamos! Precisamos mesmo – concordou ela.

Sentamo-nos num banco da praça que ficava a algumas quadras de distância do Centro. Eu abaixei a cabeça sem coragem de encará-la, mas ela abraçou-me mansamente:

— Por favor, não se sinta culpado. Eu não me lembro de ter vivido antes um momento tão bonito quanto este.

Eu fiquei sem palavras, pois como explicaria a ela os sentimentos de culpa que fervilhavam em minha alma? Ela prosseguiu com a voz trêmula:

— Bem... talvez, você não sinta por mim o que sinto por você.

Suas palavras me calaram fundo, me comoveram. Não era verdade, eu a amava e amava muito.

— Não! Não é isto – quase gritei –, desde o dia que a conheci, minha vida mudou completamente.

— Então, nos dê uma chance, Anísio. Nos dê uma chance.

— Eu quero muito, Clarissa, mas talvez não possa.

— Por que Anísio? O que você está dizendo?

— É um sentimento estranho.

— É a Júlia?

O meu silêncio falou por mim e Ana Clara, como se falasse com uma criança, disse:

— Anísio, tenho certeza que de onde Júlia estiver, se realmente o amava como você diz, e eu acredito que sim, torce por sua felicidade e sabe da seriedade dos meus sentimentos. Ela quer te ver feliz. – Eu a olhava confuso, e ela continuou: — Eu quero fazer você feliz, Anísio.

Fiquei sem ação. Clarissa era maravilhosa e o que

eu mais desejava era fazê-la feliz, por isso, precisava parar de lutar contra os meus sentimentos.

— Ana Clara, é assim que eu me sinto também. Neste momento, eu sou o homem mais feliz da face da Terra.

A voz de Ana Clara era suave e terna quando falou:

— Claro, nós merecemos uma chance! E volto a dizer, tenho certeza que Júlia torce por nossa felicidade.

Toquei-lhe os cabelos que balançavam ao toque uma brisa leve que parecia aprovar nossa decisão. Disse, então:

— Creio que sim! Eu estava sendo um bobo.

— Bobo e adorável – disse Ana Clara, retribuindo o carinho.

— Vamos voltar?

— Vamos. Não sei o porquê, mas eu estou com um pressentimento diferente.

Voltamos e Anita nos procurava preocupada

pelo salão:

— Onde vocês estavam? Olavo me disse que havia visto vocês chegarem.

— Psiu! Depois eu falo.

A dirigente proferiu a leitura da mensagem daquela noite.

— Olha Anísio, que interessante.

Tomei a mensagem das mãos de Clarissa e li comovido. Era uma mensagem de Léon Denis e intitulava-se *A idade madura:*

"A idade madura é o verão de nossa existência terrestre; como a estação ardente, ela é feita de ardores, cheia de luz; o nascer do dia está na manhã; o pôr do sol radioso e as noites, suntuosamente clareadas pelas estrelas. Sente-se aí feliz de viver, tem-se consciência de sua força e dela sabe se servir. É, então, que o homem atinge física e moralmente o ponto culminante da beleza. Pois há uma beleza da idade madura; e é a verdadeira. Um dos nossos erros, é o de crer que a beleza única da juventude é senhora da vida; falta, portanto, a essa seu elemento principal, que é a força, resultante do equilíbrio geral e

harmonioso do ser[4]*.*"

Refleti sobre o trecho e achei interessante que o assunto fosse justamente aquele que estávamos conversando. Ana Clara deu um sorriso bobo:

— Viu só, Léon Denis concorda comigo!

Permaneci em silêncio e deixei que ele envolvesse o meu coração. Uma aragem intensa, refrescante e diferente, tal qual aquela que havia sentido no banco da praça, se insinuou e fez-me arrepiar. Meu coração bateu descompassado ao sabor de uma inexplicável emoção. Quis lutar contra aquela sensação, mas senti-me paralisado e pesado como chumbo, pregado à cadeira. Foi então que, de repente, vi aquela que havia sido a companheira fiel de tantos anos e de quem, ultimamente, vinha tentando obter uma resposta.

— Júlia? – falei baixinho, com medo que as pessoas me ouvissem.

Júlia sorria e estendeu-me as mãos etéreas que

---

4 DENIS, Léon. *O Grande Enigma.* 2011, Rio de Janeiro/RJ: Editora CELD, p. 182.

estavam envolvidas num jato luminoso de estranha beleza. Com serenidade, ela disse:

— Querido, esta é a sua hora. Quero que seja muito feliz, porque sei que estou e estarei sempre em seu coração.

— Júlia, você... – eu não tive tempo de concluir a pergunta. Ela partiu assim como chegou, envolvida em intensa e vibrante luz.

Eu não conseguia acreditar, mas era mesmo verdade e eu não estava louco. Eu vi Júlia, falei com ela, mesmo que de uma forma diferente, uma espécie de telepatia, um entendimento de mentes, mas eu ouvi sua voz como se eu ainda pudesse tê-la ali ao meu lado. Ana Clara notou minha perturbação e eu não pude conter as lágrimas que pingavam uma a uma sobre minha camisa.

— O que foi? Você está esquisito, diferente. E está chorando... Anísio, o que houve?

Não tive palavras para responder, pois algo maravilhoso, ali, naquele instante, tinha mudado as nossas vidas. A resposta que eu tanto precisava tinha chegado! Ela tomou minhas mãos com carinho e disse:

— Vamos, meu bem, as pessoas já estão saindo.

— Espere, por favor, espere - consegui dizer num fio de voz enquanto ela me olhava nervosa, pois eu realmente estava estranho: — Ana Clara... você... você quer se casar comigo?

Ana Clara sentou-se novamente. Acompanhei seu gesto repentino:

— Eu... eu o quê?

— Sim ou não? Preciso de uma resposta rápida - brinquei e consegui voltar ao normal.

Ana Clara não conseguiu responder. Apenas enlaçou meu pescoço e ficou assim, chorando baixinho, recostada em meu peito e tremendo de felicidade.

— Obrigada, meu Deus, muito obrigada - pensei comovido, pois agora eu tinha certeza que Júlia queria eu fosse feliz novamente.

Capítulo 12

— Eu nem acredito no que está acontecendo comigo. Às vezes me pergunto se estou sonhando.

— Nem nós, Anísio, nem nós...

— Com certeza – disse Olavo, acrescentando: — Nós estamos muito felizes com a sua felicidade.

— Se eu fosse Clarissa, tomava conta de você com unhas e dentes – disse Anita pegando em meu braço com determinação.

Paramos num sinal, Olavo sentado lado a lado comigo:

— Você é um bobo, Anísio, estava perdendo tempo. Essa mulher te ama e muito!

— O quê? – perguntei ansioso. O barulho dos

carros quase não me deixava ouvir direito.

— Estou dizendo que Clarissa te ama.

— É, eu sei, Olavo, eu sei. E quase a perdi. Sou mesmo um bobo – retruquei sinalizando, pois o sinal havia aberto.

Paramos no *shopping* e pessoas apressadas esbarravam em nós enquanto buscávamos uma direção.

— Vamos entrar nessa loja?

— Compre logo essas alianças, ande.

A vendedora que se encontrava na porta, olhou-nos com olhos interessados, querendo entender o que se passava.

— É que... bem, desculpe moça, nós somos amigos dele há muito tempo e – gaguejou Olavo.

— Viemos ajudá-lo a comprar as alianças – completou Anita, entrando na loja e puxando a mim e a Olavo para que entrássemos também.

Baixei com olhos encabulado. Eu estava morrendo de vergonha, mas, mesmo assim, sorri interiormente, sem críticas aos meus amigos. Estávamos tão felizes que mais parecíamos crianças em férias. A vendedora percebeu, então, o meu embaraço:

— Não precisa ficar inibido, senhor. É muito bom ter amigos, ainda mais num momento tão importante como este.

Aquele comentário me tranquilizou e passei a sentir uma certa normalidade. Pelo menos ela não havia perguntado se eu estava ali comprando as alianças para dar de presente ao meu filho.

— Será que Clarissa vai gostar desta? – perguntei ansioso ao Olavo, escolhendo um modelo fino e trabalhado nas bordas.

— Quem não gostaria? É linda! – respondeu Anita, examinando a aliança simples, mas elegante.

— Com certeza vai adorar – acrescentou a atendente. — Também estou noiva e se meu noivo me comprasse uma destas, casaria com ele imediatamente.

— O que pode haver de melhor que a opinião de duas mulheres? – brinquei.

Olavo fingiu-se de zangado.

— Você não pediu a minha opinião, mas eu dou. É simples e bonita.

— A noiva vai adorar, senhor, mas, se por acaso ela não gostar, o senhor poderá vir escolher outro modelo. Teremos prazer em atendê-lo.

— Muito gentil esta atendente – pensei agradecido, dizendo em seguida: — Então, por favor, embrulhe que eu vou levar – e complementei: — Olhe lá, confio em vocês!

Olavo e Anita abraçaram-me carinhosos.

— E eu que jamais pensei em comprar novas alianças aos 65 anos de idade.

— A vida nos reserva surpresas, meu amigo, e está aí para ser vivida – falou Anita.

— Você merece essa felicidade, meu amigo. Você merece – concluiu Olavo.

Fiquei sem palavras, pois o carinho de Olavo e Anita era realmente comovente. A vendedora despediu-se de nós gentilmente e ofereceu-nos o cartão da loja com seu nome, para qualquer eventualidade. Saímos da loja e fiz um convite aos meus amigos:

— Bem, agora que já compramos as alianças, vamos rapidinho ao segundo andar?

— Precisa comprar mais alguma coisa? – Anita perguntou interessada.

— Clarissa me disse que queria comprar um arranjo para a mesa da sala, então vou fazer-lhe uma surpresa – respondi dirigindo-me à escada rolante e fui seguido por meus amigos.

— Isto é que é um noivo apaixonado! – brincou Olavo fazendo-me sorrir.

Anita parou em frente a uma *pizzaria*.

— Eu tenho outra ideia: por que antes não comemos uma *pizza*?

— Excelente – falou Olavo –, como é que você adivinhou que eu estava com fome?

— Bem, pode ser – respondi, querendo não ser desagradável.

— Então, vamos entrar e escolher um lugar.

Anita parou, falando espantada:

— Gente, olhem lá. Vocês não vão acreditar...

— É Ana Clara – falei caminhando em direção à minha noiva, e perguntei-lhe: — O que houve?

Ana Clara beijou meu rosto com suavidade.

— Estou surpresa em encontrá-los também. Estava saindo do trabalho e resolvi vir até aqui para ver se comprava um arranjo de mesa que estou querendo há algum tempo.

— Desculpe, amigo, estragamos a surpresa – falou Olavo, nos indicando uma mesa para que sentássemos.

— Que surpresa? – Ana Clara estava mesmo curiosa, mas foi Anita quem falou:

— O Anísio estava nos pedindo para irmos com ele ao segundo andar para comprar o arranjo para você, mas o Olavo, que só pensa em comer, disse que estava com fome e quis vir comer *pizza* primeiro.

— Eu? Foi você quem convidou. Já esqueceu?

— Ei, vamos parar com a briga – exclamei tentando acalmar os ânimos. — Todos nós quisemos comer *pizza*.

— E aí? – Ana Clara perguntou.

— Aí você chegou, e não deu tempo de ir comprar o arranjo – brinquei segurando-lhe o queixo com carinho.

— Puxa! Que pena! – exclamou Clarissa fitando meus olhos, enternecida.

Apertei e beijei suas mãos com suavidade. Olavo tentou mostrar-se simpático:

— Bem, mas se não tem arranjo, tem uma outra surpresa...

— Olavo, deixe de ser linguarudo! Parece criança! – advertiu Anita.

Olavo ficou sem jeito por ter sido tão impulsivo, mas eu não fiquei aborrecido com ele. Foi Anita quem falou:

— A língua é um dos maiores males da humanidade! Li essas palavras ontem, numa mensagem de André Luiz. Precisamos aprender a dominá-la!

— É, mas que essa advertência sirva para cada um de nós em especial – disse Olavo mostrando-se aborrecido.

Tive que reconhecer que Olavo tinha toda a razão. Estávamos sempre criticando nos outros, aquilo que ainda não conseguíamos dominar em nós.

— Tudo bem, Anita, tudo bem – eu disse tentando apaziguar a situação

Nada seria capaz de estragar a alegria que eu estava sentindo naquele dia. Então, tirei as alianças do bolso e dirigi-me a Clarissa:

— Aqui está a surpresa, mas não vou lhe mostrar agora, só à noite.

Ana Clara mostrou-se bastante emocionada, e, recostada em meu ombro, deixou-se abraçar por mim, que a beijei suavemente nos cabelos. Anita retomou o assunto em tom de brincadeira:

— Até parece que é o casamento dele, que coisa!

Olavo, meu querido amigo, que tinha um temperamento que eu muito admirava, driblou rapidamente as repreensões recebidas e logo voltou ao normal, esquecendo a zanga e restabelecendo o clima de cordialidade entre nós.

— Acho que quem precisa de um novo par de alianças é você – disse Olavo de sopetão.

Anita recobrou a mansidão e olhou para Olavo com olhos suaves:

— Verdade, Olavo? Seria ótimo. Estamos precisando de um novo casamento, ou melhor, de uma nova lua-de-mel.

Sorrimos todos. Eles se amavam e pareciam duas crianças, apesar de serem considerados velhinhos, na *terceira idade.* Anita, disfarçando as lágrimas, levantou-se decidida e falou:

— Eu e Clarissa vamos ao *toilette,* vocês esperem aqui.

Ana Clara, admirada com a atitude de Anita, acompanhou-a, sem retrucar.

— Que surpresa boa encontrar você aqui. Anísio ficou feliz – disse Anita cordialmente à amiga.

— Claro que foi – respondeu Clarissa, retocando o batonzinho de cor suave, no grande espelho do banheiro.

Houve um breve silêncio que pareceu uma eternidade:

— Anita – disse Clarissa com um fio de timidez na voz –, me responda uma coisa, sinceramente...

— Claro! – Anita estava tranquila e interessada.

— Você e Olavo são amigos do Anísio há muito tempo e só por causa disso, eu me sinto à vontade para fazer esta pergunta.

Anita percebeu que aquele era um momento especial, a grande oportunidade de firmar um novo laço de amizade com aquela moça de quem já estava aprendendo a gostar.

— Sou amiga do Anísio e quero ser sua amiga também. Pode falar, o que é que aflige esse coração?

A voz de Clarissa fraquejou um pouco ao perguntar:

— Você acha mesmo... que eu posso fazer o Anísio feliz?

Anita segurou-lhe as mãos e fitou-a com profundidade:

— Não tenho dúvidas, querida. Anísio te ama muito, e nós sabemos que serão muito felizes – antes que Ana Clara pudesse dizer alguma outra coisa, continuou: — Há muito tempo eu não via o Anísio assim, tão disposto, tão estimulado, tão lúcido e com tanta ânsia de viver. Desde que Júlia morreu, ele havia se transformado em alguém amargo, temperamental, em um espectro de tristeza e solidão que se recusava a entender que a vida não havia acabado para ele, nem por estar viúvo, nem por se sentir o homem velho e sem ideais que ele insistia em ser. Agora, depois que você surgiu na vida dele, olho para o Anísio e descubro que o amor o transformou em um novo homem.

Ana Clara apertou-lhe as mãos, comovida:

— Obrigada, muito obrigada. Eu precisava muito ouvir isso de você, mas eu ainda tenho tanto medo das comparações.

— Você o ama também, tanto quanto ele a ama?

— Não dá para ver no meu olhar?

— Então, vá em frente. Está na sua hora, na hora de vocês – e com ênfase, acrescentou: — Não deixe escapar o momento da sua felicidade.

Elas se abraçaram num laço de cumplicidade e amizade.

— Não vou deixar, prometo, não vou deixar.

— Então, por causa disso, vamos voltar – propôs Anita.

— Como é que eu estou?

— Ótima, com os olhos brilhando de amor e de felicidade.

— Onde vocês estavam? Como demoraram! – reclamou Olavo, que já estava no seu segundo pedaço de *pizza*.

— Estávamos conversando. Segredo de mulheres.

— Então, vamos acabar de comer a nossa *pizza*.

Pedi refrigerantes para todos, feliz em ver que Olavo não havia pedido a sua *famosa cervejinha* que, com certeza, seria a primeira de muitas. Graças a Deus, depois que ele iniciou o tratamento, as coisas estavam melhorando.

— Um brinde, de refrigerante ao Anísio e à

Clarissa! – propôs Olavo.

Sorrimos imensamente felizes. Naquele momento, éramos quatro amigos que deixavam extravasar os melhores sentimentos que estavam abrigados em nossos corações.

— Uma nova vida me espera. É muito bom ser feliz! E eu que julgava não ter mais este direito! – pensei comovido no quanto Deus tinha sido imensamente misericordioso comigo. — Obrigado, meu Deus – agradeci mentalmente, com o coração pulsando de emoção –, muito obrigado!

Capítulo 13

— Ah, essa tal felicidade, não é que ela existe mesmo! – Clarissa pensava enquanto abria as janelas do quarto para deixar entrar o sol da manhã que, prontamente, inundou o ambiente com uma claridade intensa, enquanto floquinhos coloridos brincavam diante dos seus olhos: — Lindo, lindo dia!

No portão da casa, o carteiro a esperava para entregar a correspondência. Agradeceu, gentilmente, ao rapazinho simpático e sorridente que também acenou para mim:

— Obrigada, Breno, muito obrigada!

— Não há de quê. Um bom dia para a senhora, dona Clarissa – respondeu ele jovialmente, acelerando a moto que conduzia.

Ela estava de bem com a vida e, apesar dos problemas inerentes a todos os seres humanos, sentia-se a mulher mais feliz da face da Terra. Estávamos casados há 6 meses e, acima de tudo, imensamente felizes. Não havia a menor dúvida do quanto o amor transformava as pessoas.

— Anísio, meu amor, como você mudou a minha vida – ela pensava ao se lembrar de mim, deixando seus olhos encherem-se de água.

Antes de nos conhecermos, a vida de Clarissa era vazia, monótona e sem sentido, apesar de se considerar uma mulher ativa e integrada ao trabalho, no qual sempre procurava crescer. Agora, no entanto, passados 6 meses, era obrigada a reconhecer que havia tomado um novo rumo. Antes, era totalmente voltada ao trabalho, dedicando todas as suas horas à enfermagem, revezando-se em dois empregos durante a semana. Nas manhãs de segunda e quarta trabalhava num hospital público e, à tarde num particular, onde nos conhecemos. Antes ela só pensava em trabalhar e agora, vivia uma nova fase de sua vida.

Além da enfermagem, tinha formação em assistência social e, sendo Espírita, desenvolvia trabalhos no Centro Espírita que frequentava que, unido a uma organização de cunho social, mantinha um abrigo para crianças carentes onde morava Damião. Também era responsável por cadastrar os assistidos em situação de rua, num trabalho de distribuição de quentinhas, além de entregarem mantimentos, roupas e calçados a famílias carentes que os procuravam diariamente, pois precisavam de tudo, desde a ajuda material, até a espiritual, mas, esta última, quase sempre era rejeitada.

Era interessante notar o que ocorria com essas pessoas. É certo que desejavam receber o alimento e tudo mais que pudesse ser oferecido materialmente, mas, quando se falava em frequentarem as reuniões e, depois, integrarem os grupos de ajuda, a maioria delas ia embora. Permaneciam os trabalhadores, firmes na meta de assistência social, mas não os interessava apenas a assistência material, mas principalmente, a ajuda espiritual, "não dando-lhes o peixe, mas ensinando-os a pescar". Aqueles assistidos que aceitavam, eram encaminhados aos núcleos de trabalho, onde, já se sentindo melhores, podiam oferecer auxílio a outras pessoas. Junto dos demais trabalhadores, aprendiam que nada é mais eficaz para esquecer a própria dor, que cuidar da dor alheia.

Esse quadro era presenciado todos os dias no Centro Espírita e, no hospital em que ela trabalhava, não era diferente, pois o amor e a dor se misturavam constantemente. Por isso, ela foi aos poucos deixando sua felicidade de lado e se envolvia mais e mais com os que julgava mais necessitados que ela.

Ao longo desse tempo, alguns pretendentes haviam aparecido, mas nenhum deles causou nela a impressão que eu havia causado desde a primeira vez em que nos vimos, eu deitado naquela cama de hospital, recuperando-me de uma cirurgia. Ela podia assegurar que havia sido um reencontro e, como estudiosa da Doutrina Espírita há alguns anos, percebeu que aquele encontro tinha sido providencial. Tinha certeza que havíamos nos encontrado por um motivo especial e que Deus, ao nos proporcionar isto, quis oferecer a chance de que aquela união representasse um mundo novo de amor, carinho e descobertas não só para nós, mas para todos à nossa volta..

Era exatamente assim que se sentia. O amor que sentia por mim não só a havia tornado alguém melhor como, certamente, tinha transformado a todos que conviviam conosco e que recebiam de nós a melhor vibração de nossos corações. Juntos construiríamos coisas maravilhosas, grandes projetos e juntos nos apoioaríamos, ajudando-nos como almas irmãs em nossas dificuldades e em busca do crescimento espiritual.

O nosso encontro tinha sido um grande presente de Deus e, enquanto Ele permitisse, Clarissa estava decidida a partilhar com todas as pessoas a sua felicidade, até o seu último suspiro de vida. Eu buscava, a cada dia, reforçar o meu amor. Minha vontade de vencer as dificuldades, de aprender e de tornar-me uma pessoa melhor, além de todas as minhas qualidades, faziam com que Ana Clara desejasse partilhar a vida ao meu lado, cada vez com mais fervor.

Claro que havia dificuldades, defeitos como em todos os relacionamentos afetivos, onde nem tudo são flores. É necessária maturidade para enfrentar o dia a dia e todas as suas limitações, entendendo que o amor deve ser tratado como uma plantinha que precisa ser regada todos os dias. Diálogo, interesse, compreensão, companheirismo, amizade e presença constante, tudo contribuía para que o nosso relacionamento contasse com um toque especial. Apesar de fazermos parte do grupo que as pessoas consideram como *velhos e imprestáveis,* sentíamos que a vida era generosa conosco e nos ofertava novos caminhos de crescimento e realização pessoal, permitindo que nos sentíssemos sempre dispostos a buscar o porquê de estarmos juntos e tínhamos uma imensa vontade de fazer felizes todos à nossa volta.

Era o que tentávamos e sempre tentaríamos, enquanto nos restasse tempo, percorrendo os caminhos para a evolução espiritual, afinal, todos somos aprendizes da *Escola da Vida.*

Desde o dia em que nos conhecemos, Clarissa buscou fazer-me o homem mais feliz do mundo, e ela jamais duvidou que havia conseguido, com a ajuda de Deus e dos Amigos Espirituais que tanto nos auxiliaram. Sentíamos que era muito bom amar, que era muito bom viver.

Capítulo 14

As batidas insistentes na porta nos assustaram. Diminuí o volume da televisão.

— Meu bem, você vai atender? – perguntou Ana Clara vindo da cozinha e enxugando as mãos no pano de prato.

— Claro – falei, levantando-me rápido enquanto ouvimos uma voz que gritava afobada.

— Anísio, Ana Clara, sou eu. Abram, por favor!

— É a voz do Damião – falei, tomando a frente de Ana Clara e abrindo a porta, quase escorregando no chinelo que me saiu dos pés.

— Oi, garoto, o que aconteceu?

— Desculpe vir a essa hora, mas é uma coisa

muito urgente.

— Claro, entre, sente-se aí.

Damião estava nervoso e esbaforido.

— O que aconteceu, Damião. Quer um copo d'água? – ofereceu Clarissa.

— A dona Noca morreu! – e antes que pudéssemos perguntar como ele havia tomado conhecimento do fato, exclamou com a voz preocupada: — O Fabião esteve no morro e disse que ela morreu ontem à noite.

— Mas como foi isso? Conte direito – insistiu Ana Clara, fazendo com que ele bebesse um copo de água com açúcar que tinha buscado na cozinha.

— Ela sentiu uma dor no peito e os vizinhos disseram que nem deu tempo de levá-la ao hospital – e como continuávamos ouvindo, ele prosseguiu: — Eu estou muito triste, na verdade não por ela, que era uma pessoa má e sem sentimentos, mas pelos meninos que ficarão sozinhos e desamparados no mundo.

Sem que pudéssemos fazer alguma coisa, Damião

começou a chorar, numa expressão de dor, como nunca antes havíamos visto.

— Ei, espere aí, amigo. Vamos conversar com calma.

— É, Damião, procure se acalmar – falou Clarissa, acariciando-lhe a cabeça perturbada.

Retomei a palavra, tentando parecer o mais calmo possível.

— Primeiro, não podemos e nem devemos fazer julgamento de dona Noca.

Damião falou entre lágrimas:

— Mas é verdade, ela não prestava, Anísio, não prestava mesmo. Dona Noca já foi tarde, mas as crianças vão sofrer sozinhas e abandonadas neste mundo.

Clarissa interrompeu carinhosa.

— Ei, você se esqueceu do que estamos estudando lá no Centro Espírita?

Damião, emudeceu, baixou os olhos, e Anísio continuou:

— Não somos juízes de ninguém, filho. Acredite, isto compete a Deus, que tudo vê e tudo sabe.

Damião enxugou os olhos úmidos na camisa.

— Tudo bem, só o que me preocupa agora é a sorte dos meus irmãos.

— Fique tranquilo – falei –, nós vamos dar um jeito em tudo.

Ana Clara, que ouvia calada, interrompeu novamente:

— Nós faremos o que for possível para ajudar a você e seus irmãos, acredite. – Damião ameaçou chorar novamente, fazendo com que Ana Clara o interpelasse, fitando-o mansamente nos olhos: — Nós sempre retribuímos a confiança que você depositou em nós. Já falhamos com você alguma vez? Responda, seja sincero!

— Não, claro que não – disse Damião abraçando-se a Clarissa –, vocês são os únicos amigos que eu tenho.

Acerquei-me dele também.

— Nós também gostamos muito de você, Damião. Você é, para nós, alguém muito querido, acredite.

— Eu sei disso – disse o menino enxugando as lágrimas num lenço de papel que Ana Clara lhe ofereceu. — A minha vida mudou, desde o dia em que conheci você, Anísio, e eu ainda me lembro do primeiro dia. Você conversou comigo, me deu atenção. Não foi como todo mundo que ficava com medo de mim, com medo que eu roubasse a carteira deles e, na verdade, eu nem pensava em roubar. Você foi a primeira pessoa que me deu uma chance e, agora, sou eu quem precisa fazer alguma coisa para ajudar essas crianças que ainda são tão pequenas.

Tive que conter também as lágrimas quando falei:

— Vamos orar para que esta mulher que os criou e que não soube santificar o dom de ser mãe, nem com você, seu filho do coração, nem com seus filhos de sangue, reflita sobre todos os males que causou aos outros, mas, principalmente, a ela mesma. Todos nós podemos melhorar, é só querer!

— Mas, dona Noca era tão má. Não creio que o

seu Espírito, assim como eu aprendi lá na evangelização, esteja interessado em melhorar.

Ana Clara tinha a voz suave e serena quando falou:

— Não vamos julgar, filho. Não importa se bons ou maus, somos todos filhos muito queridos de Deus, e se ainda não encontramos o caminho do bem, é porque nos desviamos dele, do caminho verdadeiro e divino que Ele traçou para cada um de nós!

— O mal não pode e nem dura para sempre – concluí. — Estamos aqui para ser melhores, para progredir, para nos tornarmos homens de bem a caminho da luz.

— É como aquele capítulo de *O Evangelho Segundo o Espiritismo, Sede Perfeitos,* que fala sobre o homem de bem?

— É, esse é um bom começo – confirmei.

— Podemos ler um pedacinho?

— Claro, Damião – disse Clarissa levantando-se e trazendo-me *O Evangelho,* que abriu sentando-se junto ao menino:

O Homem de Bem.

"O verdadeiro homem de bem é aquele que pratica a lei de justiça, de amor e de caridade, em sua maior pureza. Quando interroga sua consciência a respeito de seus próprios atos, pergunta-se se não violou essa lei; se não fez o mal; se fez todo o bem que podia; se negligenciou conscientemente uma oportunidade de ser útil; se alguém tem do que se queixar dele; enfim, se fez ao outro o que queria que se fizesse por ele[5]."

Ficamos todos em silêncio por alguns momentos, até que eu retomei a palavra.

— Não se preocupe, dona Noca um dia vai acordar. Não sabemos quanto tempo será preciso para que isso aconteça, porém, assim como todos nós, ela terá a sua chance de refletir e buscar o melhor para o seu crescimento espiritual, tornando-se um verdadeiro Espírito do bem.

Damião parecia mais calmo quando falou:

5 KARDEC, Allan. *O Evangelho Segundo o Espiritismo*. Capivari/SP: Editora EME. 2019, p. 178.

— Está bem, se vocês dizem, eu acredito.

— Agora, espere um pouco. Deixe eu trocar de roupa e irei com você até lá, para ver como estão as coisas.

Damião prosseguiu com voz trêmula:

— Alguns vizinhos estavam fazendo uma vaquinha, mas, como o pessoal não gosta muito dela, não sei como vão ficar as coisas.

— Fique tranquilo, tenho certeza de que tudo vai se resolver da melhor maneira possível.

Retornei, abotoando o casaco e Damião me esperava ansioso.

— Vou com vocês – exclamou Ana Clara preocupada –, troco de roupa rapidinho.

Toquei-lhe o ombro com carinho:

— Não, meu bem, fique aqui. Não sabemos direito o que vamos encontrar. Assim que tiver novas notícias, aviso você ou venho buscá-la.

— Está bem, vou preparar algo para comer e ficar em oração até que vocês voltem.

Beijei-a docemente nos lábios.

— Tchau, se cuida – falou Clarissa, afagando-me os cabelos revoltos.

— Tchau, daqui a pouco a gente se vê.

Saí com Damião no meio da noite. Não fui com meu carro, resolvi pegar um táxi até a entrada do morro, porque julguei ser menos perigoso, afinal, já passava da meia-noite. Enquanto subíamos o morro, Damião me acalmou:

— Não se preocupe, Anísio, sou da área, aqui todos me conhecem. Não tem perigo.

A cena que encontramos foi comovente. A mulher morta estava estendida num estrado que lhe servia de cama e, em volta dela, 3 crianças sujas e descalças, nos olharam assustadas. O menorzinho, que devia ter por volta de 2 anos, estava nu. Damião, então apresentou-o:

— Este é o José Francisco, mas a gente o chama de Zé.

O menino era realmente bonito. Cabelos claros e encaracolados enfeitavam um rostinho moreno.

Chamei-o para perto de mim e coloquei-lhe meu casaco para aquecê-lo.

Damião também olhava a cena penalizado. Admirei-o por isso, pois, mesmo em meio à sua dor, ainda tinha condições de analisar a dor das outras crianças.

— Será que essas crianças já comeram? – perguntei quebrando o silêncio que nos envolvia.

Foi Valtinho, o maiorzinho, que devia ter por volta de 5 anos, quem falou com voz sofrida:

— A gente não come desde ontem. Minha mãe estava doente, não foi buscar comida.

O menininho que estava nu, e no qual eu coloquei meu casaco, acercou-se de mim pedindo que o tomasse ao colo, para logo em seguida adormecer. Enrolei-o melhor no casaco e deitei-o num pedaço de esteira encardida que estava sobre o chão.

— Coitadinho – murmurei –, devia estar com muito frio, por isso não havia dormido ainda. – Tirei o dinheiro do bolso e disse a Damião: — Pegue! Vá àquela vendinha, pela qual passamos na subida, e que ainda estava aberta, e compre pão doce, queijo ou presunto para eles comerem. Traga também um refrigerante ou um suco, o que tiver.

— Está bem, vou correndo.

— Vou com você – falou o menino maior, ameaçando chorar por sentir que ficaria sozinho comigo.

— Não, fique aí, Valtinho, eu não vou embora. Vou correndo comprar comida para vocês. Não estão com fome?

O menino balançou a cabeça em sinal afirmativo e Damião explicou a ele com toda a paciência do mundo:

— Então, fique aí, que eu volto rapidinho. Este moço é o Anísio, meu amigo, ele vai tomar conta de vocês – Damião voltou-se da porta e explicou-me com voz sofrida: — Ele fica nervoso, apanhava muito e tem medo de estranhos – e trazendo o menino para perto de mim, suspendeu-lhe os trapos da camisa: — Olha só como ele está todo marcado.

Olhei para as costas do menino. Aquilo, sim, era um caso de polícia, mas aquele não era o momento para revanches nem para pensamentos menos felizes. Damião se foi, e o menino ficou me olhando de esguelha, chupando o polegar. A menina, que devia ter uns 4 anos, veio juntar-se a ele. Sorri para ela, chamando-a para perto de mim, porém, preferiu ficar encostada num fogão enferrujado e sujo no canto da parede.

Observei a mulher que jazia deitada, e agora, sozinho, roguei a Deus por aquele Espírito que havia plantado tanto ódio e tanto desamor no coração das pessoas que conviviam com ela. Deus, que era justo e misericordioso, por certo haveria de lhe oferecer uma chance de melhoria. Olhando-a com atenção, vi que ainda era uma mulher jovem e que, tendo na vida a benção de ter 3 filhos saudáveis e perfeitos, mais o Damião, que tudo fazia para ajudá-la, tinha decidido enveredar pelo perigoso caminho das drogas e da bebida, segundo informações de uma vizinha que, ao ver a luz acesa, invadiu o barraco sem cerimônia.

— Sou amigo do Damião - falei, explicando a minha presença ali à mulher mal-encarada que me olhava com olhos ferozes.

— Isso aí não valia nada não, moço! Já morreu tarde! Além da bebida, usava drogas e transformou a vida da gente e destas crianças num verdadeiro inferno – e chamando Valtinho para perto de si, acariciou-lhe a cabecinha suja: — Estas crianças apanhavam que nem boi ladrão. Quem quiser saber que tipo de mãe ela era, é só olhar as costas destes meninos.

Os olhos do menino estavam cada vez mais assustados. Meneei a cabeça tristemente e sem saber o que dizer. Se ainda exercesse a advocacia, aquela mulher que agora estava morta, iria se ver comigo. Perderia a guarda das crianças e não cometeria tantos atos insanos. Fechei meus olhos tentando afastar aqueles pensamentos ruins que insistiam em povoar minha mente e, quando os abri, a mulher já havia desaparecido assim como havia chegado, sem qualquer ruído. Logo Damião retornou com um embrulho trazendo pão doce e café com leite. Repartiu a comida entre as duas crianças e guardou um pedaço para o menininho menor que dormia enrolado no meu casaco.

— O que vamos fazer agora? – perguntou ansioso.

— Vou tratar do enterro, enquanto você fica aqui. Vai ficar tudo bem?

— Claro, pode ir, eu fico cuidando das crianças.

Graças a Deus e aos conhecimentos que eu tinha, as coisas fluíram com facilidade e eu encomendei um sepultamento humilde, mas digno, para aquela criatura. Já era quase manhã quando retornei para a casa e, enquanto caminhava naquela noite, pensei no quanto a vida unia as pessoas em suas dores. Damião estava bem, morando no abrigo que Ana Clara ajudava a cuidar, mas ainda precisava de muito mais. Ele tinha o sonho de estudar, de crescer e de se tornar um desenhista de histórias em quadrinhos. Para isto, exercitava-se todos os dias e era com alegria e orgulho que nos mostrava os seus progressos em novos desenhos que ficavam melhores a cada dia. Entretanto, eu sentia que precisava fazer mais por ele e decidi falar com Ana Clara. Arrumaríamos moradia para as 3 crianças e, quanto a Damião, se ele quisesse e Ana Clara aceitasse, o adotaríamos, dando a ele todas as condições legais de sobrevivência.

Respirei fundo e, controlando as lágrimas, fitei o céu azul infinito, com o coração enternecido e sentindo que Deus aprovava a minha decisão. Damião seria, oficialmente, o filho do nosso coração.

Capítulo 15

O salão estava repleto de convidados. Bolas amarelas e azuis enfeitavam todo o salão da *Casa da Amizade*, que completava mais um ano de vida naquele 24 de dezembro, quando também se comemorava a véspera do Natal. Ana Clara, radiante, andava de um lado para o outro, conferindo se tudo estava em ordem. As crianças maiores se revezavam na ajuda, enquanto as menores, aguardavam a hora em que seria servido o imenso bolo que se encontrava na mesa do salão principal, rodeado de docinhos e de balas enroladas em papel colorido. Ana Clara passou por mim segurando uma prancheta com algumas fichas e anotações. Puxei-a pela manga do vestido:

— Ei, dá um tempinho para mim? – Seus olhos azuis sorriram iluminando meu coração. — Está feliz? – perguntei carinhoso.

— E você ainda pergunta?

Beijei suas mãos que trabalhavam com alegria.

— E você, está feliz?

— E como! Nunca pensei em passar um Natal tão belo e diferente, longe dos vinhos e das rabanadas de sempre.

— Meu amor, esta é uma festa Espiritual, onde a alegria de servir está em primeiro lugar e o aniversário de Jesus é comemorado, mesmo que simbolicamente, com todo o respeito que merece. Nada de comidas em excesso ou de bebidas consumidas em nome do aniversariante, que apenas causam grandes ressacas e intensas dores de estômago no dia seguinte.

Dois vultos conhecidos assomaram à porta.

— Olhe, Anísio, veja quem chegou.

— Olavo e Anita. Sejam bem-vindos!

— E aí, tudo bem?

— Tudo bem. E vocês, como estão?

— Trouxe o que você me pediu – falou Anita mostrando o tabuleiro de *pizza* –, tirei do forno antes de vir para cá.

— Obrigada, deve estar uma delícia.

Resolvi aproveitar para brincar um pouco:

— Temo dizer que esta festa é apenas Espiritual e que só teremos para comer este bolo que está sobre a mesa.

— Claro que não, seu bobo – rebateu Clarissa sorrindo.

— Mas você mesma disse que a festa era Espiritual.

— Eu disse, excessos! Temos uma ceia com salada, arroz, estrogonofe de frango, e torta gelada de coco de sobremesa para as crianças.

— Começou a melhorar – brincou Olavo –, começou a melhorar.

— Olavo, que falta de modos! Você mal chegou e já está pensando em comer.

— Ah! Não vá começar novamente, por favor...

— Meninos, acalmem-se, por favor – falou Clarissa. — Precisamos manter o clima de paz e de harmonia que reina por aqui.

— Então, eu vou para o jardim – exclamou Olavo –, só desse jeito vão conseguir ficar em paz.

Acatei a ideia de Olavo com prazer.

— Eu acompanho você. Vamos deixar as mulheres conversarem e continuarem os seus afazeres. Com certeza, neste momento, só iremos atrapalhar.

— Tem toda razão, meu bem – disse Clarissa piscando o olho para nós. — Ainda é cedo para o início da solenidade e para a palestra. Vão passear, quando precisar, eu chamo vocês.

Na porta, encontramos Damião, que estava acompanhado dos 3 irmãozinhos. O maior, Valtinho, estava com um boné do Flamengo, um dos meus primeiros presentes para Damião. Eliane, a menina, e José, o pequenino, traziam respectivamente, uma bola e um carrinho nas mãos. Tomei o menorzinho ao colo. Estava de banho tomado, com os cabelos lavados e penteados e vestido com um macacão *jeans*, que lhe deixava mostrar as perninhas gorduchas. Fiquei surpreso com a mudança. Estava mais velho e muito diferente do dia em que o havia encontrado com fome e nu, e tive de cobri-lo com o meu casaco. Olavo pegou Eliane, que logo quis descer. Era arredia, não gostava de abraços nem de carinhos. Valtinho também não quis conversar conosco, escondendo-se por entre as pernas de Damião. Meu amigo ficou sem jeito, mas Damião salvou a situação:

— Não repara não, senhor Olavo, eles são assim mesmo. Quando Dona Noca bebia, batia muito neles e eles ficaram como *bichos do mato.* Dona Selma, a psicóloga, vai cuidar deles, assim como cuidou de mim.

Abracei meu querido amigo, que estava alto e forte para os seus 14 anos.

— Com certeza, Damião, com certeza. Faremos tudo para que você e seus irmãozinhos estejam a cada dia mais felizes e bem cuidados.

Damião pegou o menino do meu colo.

— Me dá ele aqui, Anísio. Vou levá-los para ficarem junto das outras crianças. Daqui a pouco, a tia

Marina vai chamar a gente para o início da festa e para a apresentação do coral.

— Tem coral é? – brincou Olavo.

— Tem sim! – exclamou Damião animado. As tias dizem que a arte é o melhor remédio para nos ajudar a purificar o coração. Você concorda com ela, Anísio?

— Claro, Damião, concordo sim, os Centros Espíritas deveriam incluir a arte em seus programas assistenciais. Todos os tipos de arte, em especial a música, enlevam e suavizam corações endurecidos de encarnados e de desencarnados também.

Damião, sorrindo, saiu puxando os irmãozinhos pelas mãos.

Olavo perguntou-me ansioso:

— E aí, ele já sabe?

— Não – respondi baixinho com medo de que ele escutasse. — Resolvemos lhe fazer uma surpresa, Clarissa achou melhor que nós só disséssemos a ele hoje, que é um dia especial de festa para todos nós.

— Ele vai ficar radiante, é um bom menino. E pensar que, em princípio, tive tanto preconceito contra ele...

— A gente cresce, amigo, aprende com os erros e amadurece a cada dia.

— Você tem razão, Anísio. Agora, que estudo a Doutrina Espírita, sinto-me totalmente diferente do homem que fui há algum tempo, buscando prazer nas coisas inúteis e tentando preencher um vazio que não tinha razão de ser. Agora, ao conhecer a dor dos outros, posso valorizar a felicidade que sempre tive e que esquecia de valorizar – e como eu prestava atenção, ele concluiu: — Vivia julgando a todos, não tinha complacência dos erros alheios, sem perceber que eu era o primeiro que precisava contar com a tolerância das pessoas, principalmente da mulher que amo e a quem fiz sofrer tanto com minhas crises e vícios.

— As coisas mudam, meu amigo, as coisas mudam. E graças a Deus por isso.

— Quando me lembro o quanto fiz Anita sofrer com o meu alcoolismo, e mais ainda por não aceitar ser um doente que necessitava de ajuda.

— Isso é passado, meu amigo, nada de tristezas, hoje é um grande dia para todos nós.

— Anísio, Olavo – era Anita quem nos chamava –, vai começar a reunião.

— Então vamos logo, o salão já deve estar cheio.

Entramos e conseguimos um lugar, na fileira lateral.

O presidente da Instituição, o senhor Gilberto, um homem bom e íntegro que vinha realizando aquele trabalho maravilhoso, tomou a palavra:

— Bem, meus irmãos, boa tarde a todos! Muito nos honra a presença de vocês aqui hoje, e rogo humildemente as bênçãos de Deus para que tenhamos momentos muito agradáveis de paz e crescimento.

Como todos sabem, o nosso Centro Espírita desenvolve, junto às suas obras assistenciais, este abrigo de almas irmãs, podemos dizer assim, que intitulamos, a pedido de nossos mantenedores, *Casa da Amizade*, local em que abrigamos crianças e jovens, desde recém-nascidos até os dezoito anos, e que, por ser uma Instituição sem fins lucrativos, conta com o apoio de todos vocês.

Felizmente, a nossa *Casa da Amizade* vem crescendo dia a dia, porque contamos com a ajuda de servos abnegados que, calorosamente, estendem as suas escoras em auxílio desse trabalho que tem propiciado intenso crescimento a todos nós.

A cada dia, nos chegam novas crianças, novas pessoas necessitadas de afeto e atenção e, na medida do possível, com a condição que o Mundo Espiritual nos possibilita, procuramos oferecer a todos os que nos procuram, sedentos de algo mais em suas vidas, condições para que sejam atendidos e encaminhados a locais onde possam receber a ajuda momentânea que tanto necessitam, e depois, quem sabe, ao se sentirem mais fortes, possam se tornar parte integrante deste trabalho juntamente conosco.

Hoje, quando a nossa *Casa* completa mais um ano de existência, nesta data tão bonita que também simboliza a do nascimento do maior educador de corações que o mundo já conheceu, rogamos a todos que se unam a nós em oração e em trabalho, para que possamos ainda comemorar juntos, muitos e muitos aniversários, caminhando sempre em direção ao bem.

Suave brisa pareceu pacificar os corações naquele momento, e ele continuou:

— Neste instante, também gostaria de agradecer, além da presença de vocês, a colaboração de duas pessoas muito especiais que, ao longo do tempo, vêm nos ajudando a tornar mais feliz a vida dessas crianças e jovens. – Todos se entreolharam curiosos, e o presidente prosseguiu: — A primeira é a nossa querida irmã Ana Clara, que tem desenvolvido um magnífico trabalho à frente da *Casa da Amizade*, fazendo dela o seu segundo lar. A segunda é o seu marido, Anísio, que com sua bondade e compreensão, permite que Ana Clara possa doar tantas horas de seu tempo ao nosso trabalho.

As pessoas me olharam curiosas e eu os agradeci com um cumprimento de cabeça. Realmente, havia ocasiões em que eu achava que Ana Clara poderia estar mais tempo comigo, em nossa casa e dedicando-se mais aos nossos momentos de vida íntima e pessoal. Entretanto, ao ver sua felicidade junto àquelas crianças e jovens necessitados, esquecia o meu ciúme e meu egoísmo, e agradecia a Deus por ela ser a pessoa especial que era, totalmente voltada ao bem dos seus semelhantes. Ana Clara levantou-se, ruborizada, e eu, como seu marido, sabia o quanto ela devia estar constrangida, por ser tímida. Todos silenciaram quando ela tomou a palavra:

— Boa tarde a todos. Agradeço as palavras do nosso querido amigo, e gostaria de dizer que nada tenho feito além do que pede o meu coração. Cuidar dessas crianças tornou-se o meu maior compromisso com Deus, e podem ter a certeza de que sou eu quem tem aprendido muito com cada rostinho assustado que aqui chega. Não só eu, mas todas as professoras, evangelizadoras, psicólogas, dirigentes, enfim, todas as pessoas que trabalham conosco voluntariamente e que tanto ajudam a propiciar a essas crianças, melhores condições de vida. Quero agradecer também aos médicos que nos auxiliam e, agora, ao Júnior, nosso amigo dentista, cuja colaboração por certo vai tornar o sorriso dessas crianças mais bonito do que já é. A todos, o meu muito obrigada. Muito me honra trabalhar com vocês.

E antes que as lágrimas que lhe toldavam a voz rolassem por seu rosto, finalizou:

— Amo a todas essas crianças que aqui estão, filhos do meu coração, que têm me ajudado a dar um novo sentido à minha vida. Mas, há um, em particular, a quem a vida quis nos aproximar, a mim e a meu esposo, fazendo dele o nosso amigo querido, alguém a quem muito amamos.

Damião procurou-me os olhos, sorri para ele. E Ana Clara concluiu:

— Neste dia tão importante de festa material, mas, especialmente, de festa Espiritual para os nossos corações, eu gostaria de dizer ao nosso querido Damião que, a partir de hoje, eu e Anísio resolvemos convidá-lo para vir morar em nossa casa, como nosso filho muito querido, para que assim possamos oferecer-lhe todo o crescimento e alegria que ele tem nos oferecido ao longo desses 2 anos de convivência.

Apesar de não serem orientados para isso, uma salva de palmas ecoou pelo salão. Olhei novamente para Damião, ele estava lívido, sentado na cadeira.

— E agora – continuou Clarissa –, vou chamar a tia Márcia, a nossa maestrina que tanto tem contribuído com o seu trabalho de música nesta *Casa*, e o coral, composto por crianças de 8 a 10 anos, que irão nos brindar com um número musical.

Um silêncio profundo se fez no salão, enquanto um grupo de mais ou menos vinte crianças, pretas, ruivas, morenas e loiras, graciosamente dispostas no palco, encenaram uma cantata falando sobre o nascimento daquele maravilhoso amigo que há 2.000 anos nos havia ensinado todas aquelas verdades que estávamos desfrutando agora.

Ana Clara veio ter comigo. Abracei-a comovido e admirei-a por sua coragem. Com que grande mulher eu estava casado! Damião, ao ver Ana Clara, veio juntar-se a nós, jogando-se em nossos braços e abraçando-nos com sofreguidão, como se tivesse medo de perder toda a segurança daquele momento.

— Obrigado, muito obrigado.

Ana Clara acariciou seu rosto úmido:

— Nós é que agradecemos. Desde o dia em que o conhecemos, foi você quem mudou a nossa vida.

Damião não parava de chorar:

— Eu não vou decepcionar vocês, eu prometo! Quero estudar, seguir a minha profissão de desenhista, aprender cada vez mais e fazer vocês dois muito felizes.

Fitei-o firmemente nos olhos.

— Faremos tudo o que for possível para ajudá-lo, e agora muito mais, porque você estará bem pertinho de nós.

Olavo e Anita também exultavam.

— Que tarde mais linda a de hoje, não é Olavo? – Olavo apenas a abraçou, sem nada dizer. A emoção dominava a todos nós.

Damião, perdendo a vergonha, e parecendo não se importar com as outras pessoas que nos observavam, exclamou em alto e bom som:

— Agora sim, eu confio em Deus!

— Não diga isso! – exclamei. – Deus sempre esteve presente em nossas vidas. Nós é que ainda não tínhamos reservado um lugar para ele.

Ana Clara interceptou-me as palavras:

— Então vamos todos dizer: obrigado meu Deus por ter reservado um lugar para você em nossos corações.

O menino, chorando copiosamente, continuou sua prece sincera:

— Obrigado, meu Deus, por eu ter conhecido o Anísio e a Ana Clara, que vão se tornar os meus pais do coração.

Não pude deixar de interromper:

— Bem, oficialmente, dentro do processo legal de adoção, porém, há muito tempo era assim que nós nos sentíamos em relação a você.

— É isso mesmo Damião – concluiu Ana Clara –, para nós, você sempre foi um filho querido que só trouxe coisas boas à nossa vida.

Damião não podia se conter de tanta felicidade,

e acrescentou:

— Então, agora a nossa prece será assim: obrigado, meu Deus, e obrigado Jesus, nosso aniversariante do dia, que está me proporcionando uma nova vida.

Ana Clara quase engasgou ao falar:

— A nós também, Damião, a nós também... está nos proporcionando uma longa e bela vida.

Uni mais Damião e Ana Clara ao meu abraço, exclamando também comovido:

— E já que somos Espíritos imortais, está nos proporcionando uma longa e bela vida, eterna vida de todos nós!

Idoso ou velho? Uma grande diferença!

Idosa é uma pessoa que tem muita idade. Velha é a pessoa que perdeu a jovialidade.

A idade causa degenerescência das células. A velhice causa a degenerescência do Espírito. Por isso, nem todo idoso é velho e há velho que ainda não chegou a ser idoso.

Você é idoso quando sonha. É velho quando apenas dorme.

Você é idoso quando ainda aprende. É velho quando já nem ensina.

Você é idoso quando pratica esportes, ou de alguma forma se exercita. É velho quando apenas descansa.

Você é idoso quando ainda sente amor. É velho quando só tem ciúme e sentimentos de posse.

Você é idoso quando o dia de hoje é o primeiro

do resto de sua vida. É velho quando todos os dias parecem o último de uma longa jornada.

Você é idoso quando seu calendário tem *amanhãs*. É velho quando seu calendário só tem *ontens*.

O idoso é aquela pessoa que tem tido a felicidade de viver uma vida longa, produtiva, de ter adquirido uma grande experiência. Ele é uma ponte entre o passado e o presente, como o jovem é uma ponte entre o presente e o futuro. E é no presente que os dois se encontram.

Velho é aquele que tem carregado o peso dos anos, transmitindo pessimismo e desilusão. Para ele, não existe ponte entre o passado e o presente, existe um fosso que o separa do presente pelo apego ao passado.

O idoso se renova a cada dia que começa; o velho se acaba a cada noite que termina. O idoso tem seus olhos postos no horizonte de onde o Sol desponta e a esperança se ilumina.

O velho tem sua miopia voltada para os tempos que passaram. O idoso curte o que resta da vida, o velho se emperra no seu tempo, se fecha em sua ostra e recusa a modernidade.

O idoso leva uma vida ativa, plena de projetos e esperanças. Para ele o tempo passa rápido, mas a velhice nunca chega.

O velho cochila no vazio de sua vida e suas horas se arrastam destituídas de sentido. As rugas do idoso são belas, porque foram marcadas pelo sorriso. As rugas do velho são feias, porque foram vincadas pela amargura.

Em resumo: idoso e velho são duas pessoas que até podem ter a mesma idade na certidão, mas têm a idade bem diferente no coração.

A vida, com suas fases de infância, juventude e maturidade , é uma experiência constante.

Cada fase tem seu encanto, sua doçura, suas descobertas. Sábio é aquele que desfruta de cada uma das fases em plenitude, extraindo dela o melhor. Somente assim, na soma das experiências e oportunidades, ao final dos seus anos guardará a jovialidade de um homem sábio. Se você é idoso, guarde a esperança de nunca *ficar velho.*

(Autor desconhecido)

LIVRO DA MESMA AUTORA

CÉU DE CHOCOLATE

Fátima Moura

Romance • 14x21 cm • 201 pp

Alice era uma menina extremamente tímida, com muitos conflitos, que mantinha com a família uma relação distante. Sufocada com todas as atividades que os pais impunham em sua rotina, sentia-se presa e privada de sua liberdade, mas isso começa a mudar quando conhece o jovem Pedro.

Céu de chocolate fala da reconstrução das relações familiares. Aborda a descoberta do primeiro amor e do quanto precisamos estar atentos, para não sermos pegos de surpresa quando o desequilíbrio precede a paixão.

Com um texto envolvente e delicado nos mostra a importância da reforma íntima, de entendermos porque sofremos e de buscarmos o sentido de nossas vidas.

ISBN: 978-65-88535-07-3

VOCÊ PRECISA CONHECER

DOS ENGANOS À REDENÇÃO

Lacina *pelo Espírito*
Miguel Henrique

Romance • 13x20 cm • 200 pp

Após desencarnar de forma prematura, Miguel Henrique permaneceu no plano terrestre e tornou-se obsessor de um encarnado que servia à satisfação das suas necessidades. Em sua jornada, observando exemplos e contando com os esclarecimentos de seu Mentor, Levi, aos poucos compreendeu que tudo o que viveu tinha um porquê, e conseguiu seguir seu caminho rumo à redenção.

ISBN: 978-65-88535-63-9

TESTEMUNHOS DO ALÉM

Nadir Paes Viana *pelo Espírito*
Altair Andrade

Romance • 14x21 cm • 152 pp

Alice e sua irmã deixam a vida material e são recebidas no Plano Espiritual por sua tia, passam pelas singulares experiências de adequação à nova condição, bem como aos estudos que permitem que ambas compreendam diversas nuances de suas encarnações pretéritas. Com leveza, a obra Testemunhos do Além nos traz importantes lições a respeito do planejamento reencarnatório, dividindo-se em duas partes que, em dado momento, nos fará acompanhar nova experiência carnal de Alice.

ISBN:978-65-88535-59-2